Tim Dedopulos

Zauberer

Dedopulos, Tim:
Zauberer : eine magische Zeitreise von Merlin bis Harry Potter / Tim Dedopulos.
[Aus dem Engl. von Anna Cavelius und Christopher Neuschäffer]. - Köln : vgs, 2002
Einheitssacht.: Wizards <dt.>
ISBN 3-8025-1475-0

Titel der englischen Originalausgabe: Wizards – A magical history tour
from Merlin to Harry Potter

First published by Carlton Books Limited 2001
20 Mortimer Street, London W1T 3JW

Layout & Design: Carlton Books Limited, 2001
Redaktion: Michael Büsgen
Lektorat: Katja Roth, Katja Fauth
Produktion: Susanne Beeh
Satz: Greiner & Reichel, Köln
Printed in Italy
ISBN: 3-8025-1475-0

Besuchen Sie unsere Homepage: www.vgs.de

Tim Dedopulos

Zauberer

Eine magische Zeitreise von Merlin bis Harry Potter

vgs

Inhalt

1 Der Weg des Zauberers

Der Weg des Zauberers

Eine Einführung in die magischen Künste

Zauberer sind voller Geheimnisse. Sie besitzen gewaltige Kräfte, stoßen einen Zauber mit nur einer Geste und einem Wort aus oder vollführen komplizierte Rituale mit geheimnisvollen Folgen. Sie kontrollieren die Mächte des Universums, leben aber oft abgewandt von der Welt, allein und zurückgezogen. Sie sind das Abbild der Sehnsucht des Menschen nach Beherrschung seiner Umwelt, der Sehnsucht nach Willenskraft und Weisheit.

Eine Einführung in die magischen Künste

Die Magie ist so alt wie das Denken selbst. Sie wurzelt in denselben Ideen, die unsere Urahnen dazu veranlasst haben, religiöse Gefühle zu entwickeln. Dazu gehören die Zerstörungskraft des Feuers, furchterregende Naturgewalten oder besonderes Glück bei der Jagd. Die Mächte des Universums mit nur einem Gedanken oder einem Wort zu beherrschen, ist faszinierend. Viele Menschen würden gerne in einer Welt leben, die – verborgen hinter der unseren – voller Geheimnisse und Aufregungen steckt, aber bis in die unsere hineinreicht und uns Rettung bringen kann. Hier vollführen machtvolle Männer und Frauen übernatürlich Wundersames! In der Tat ein verführerischer Gedanke.

Auch in der Zauberwelt sind nur eine Hand voll Auserwählter zur Meisterschaft in den magischen Künsten berufen. Sie brauchen dazu einen starken Willen, Intelligenz, Beharrlichkeit und einen festen Glauben. Wäre jeder in der Lage, sie zu erlernen, so würde sich jeder daran versuchen. Zauberer jedoch sind dünn gesät. Besonders schwierig ist es, einer zu werden. Die Zauberer aus Dichtung und Legende kommen meist schon als solche, mit der Kraft in sich auf die Welt. Harry Potter ist Zauberer von Geblüt und in seinen Adern fließt Magie. Merlin, der Magier des König Artus, ist nur zur Hälfte Mensch und seine Kräfte gewinnt er aus der Natur. Gandalf aus *Der Herr der Ringe* ist im Grunde ein überirdisches Wesen. Luke und Anakin aus *Krieg der Sterne*, Garion aus der *Belgariad-Saga*, Will Stanton aus *Wintersonnwende*, Rand in das *Rad der Zeit*. Immer wieder werden Zauberer mit ihrer Macht geboren und wachsen heran, ohne etwas davon zu wissen, bis diese eines Tages aus ihnen herausbricht.

Bei Zauberern denkt man oft an bucklige alte Männer mit Umhängen und spitzen Hüten, doch das trifft nicht immer zu. Magische Künste übersteigen

★ Ganz links: Ein Zauberer des Mittelalters unterwirft die Hölle mithilfe des Himmels.

★ Links: Der Geist einer toten Frau wird von einem Zauberer zurück ins Leben gerufen.

jeden einfachen Erklärungsversuch und sie tauchen nicht nur im Fantasy-Genre auf, sondern auch in moderneren Szenarios, beispielsweise in Science Fiction-Geschichten, aber auch in der Mythologie sowie in jedem anderen denkbaren Umfeld. Es gibt sogar historisch verbürgte Gestalten, die für sich eine Zaubererexistenz beanspruchten. Zuverlässige Erkennungsmerkmale gibt es nicht. Circe und Baba Jaga sind Zauberinnen, Harry Potter ist ein Kind, John Dee gab es wirklich im 16. Jahrhundert, Rincewind, der Scheibenwelt-Zauberer, kennt nur einen Zauber und Jedi-Meister Yoda hat überhaupt nichts mit einem Menschen gemein.

Dieses Buch verschafft einen Einblick in die Welt der Magier und der Zauberei. Was heißt es, ein Zauberer zu sein? Inwieweit unterscheidet sich ein Zauberer von anderen zaubernden Wesen? Auf den Spuren berühmter Zauberer, erdichteten wie historischen, werden ihre Viten, ihre Zauberkräfte, ihre Vorlieben und die Welten (oder Zeiten), in denen sie lebten, erforscht. Ihre magischen Gegenstände und Gehilfen, ihre bevorzugten Wohnsitze, ihre Organisationen und ihre Zauberwerkzeuge werden genau unter die Lupe genommen.

Das Wesen der Zauberei

Das Wichtigste für einen Zauberer ist natürlich die Fähigkeit, überhaupt zaubern zu können. Ohne sie ist er nicht mehr als ein Zauberkünstler auf der Bühne. Herzstück der Zauberkräfte ist die Magie. Sie kennt viele Ausdrucksweisen und hat verschiedene Ursprünge. Wichtig ist, was Zauberei wirklich bedeutet. Zauberei ist die Kunst, etwas auf nicht normalem Wege geschehen zu lassen. Der normale Lauf der Dinge wird von Ereignisketten bestimmt. Dabei zeitigt ein Ereignis nach dem anderen seine Wirkung. Das nennt man Kausalität, da jedes Moment physisch durch das vorhergehende verursacht wird. Die Magie sprengt diese Kette und gelangt auf direkterem Weg zum Ziel.

Der Science Fiction-Autor Arthur C. Clarke sagte einmal: »*In einer ausreichend fortgeschrittenen Gesellschaft sind Technologie und Magie nicht mehr voneinander zu unterscheiden.*« Er war davon überzeugt, dass wir bei entsprechendem Stand der Wissenschaft »Ergebnisse wie von Zauberhand« schaffen könnten. Das mag sein, hat jedoch mit Magie wenig zu tun; denn diese wirkt ausschließlich durch die Kraft des Geistes. Wer auf Technologie setzt, ist kein Zauberer, sondern Wissenschaftler.

Dazu ein Beispiel: Sich von einem Ort zum anderen zu bewegen bedeutet, dass man irgendwie von A nach B kommen muss. Man muss eigene Bewegungsenergie aufwenden oder jemanden oder etwas einsetzen: ein Pferd, ein Auto oder ein Flugzeug, irgendeine Energie, um von der Stelle zu kommen. Durch Zauberei könnte ein Mensch oder ein Gegenstand ohne jeglichen Energieeinsatz von A nach B gelangen. In einer Kausalkette ist das unmöglich und wäre deshalb magisch. Setzt man zur Fortbewegung aber einen Teleporter ein, dann gibt es eine kausale Erklärung (und eine Energiequelle) – deshalb ist das keine Zauberei.

★ Rechts: Ein wahrer Zauberer braucht kein Publikum ...

★ Ganz rechts: ... aber ein Zauberkünstler auf der Bühne muss auffällig und geheimnisvoll sein.

the GREAT
MAGICIAN

★ Links: Ein Zauberer braucht für die Zauberei vielleicht ein Zauberbuch ...

Arten der Zauberei

Die Zauberei hat viele Ausdrucksweisen; Zaubersprüche jedoch sind ihre ursprünglichste Form. Ein **Zauberspruch** besteht aus einer Wortfolge, die magische Kräfte überträgt. Man kann sie sprechen oder aufschreiben, entweder in der Sprache des Zauberers oder in einer anderen, vergessenen oder geheimen Sprache, in einem besonderen magischen Dialekt oder sogar ohne Worte. Zaubersprüche können so knapp wie eine Silbe sein oder so lang, dass man Tage braucht, um sie zu sprechen. Es gibt Sätze, Befehle, Reime oder Nonsens-Sprüche. Meistens klingen sie eindrucksvoll. Zaubersprüche umkleiden die Wünsche des Zauberers und tragen sie so in die Welt. Allein die Laute eines Spruchs fügen sich auf irgendeine Weise in die magischen Kräfte des Universums ein und führen zum erwünschten Ergebnis. Viele Zauberer brauchen zum wirkungsvollen Ausstoßen eines Zauberspruchs einen Zauberstab oder einen Stock. Diese übertragen die Zauberkraft in die reale Welt.

Viele Zauberer setzen dazu noch Bewegungen ein, so genannte Gesten. **Gesten** dienen zur Begleitung eines Zauberspruchs, doch manchmal reichen auch sie alleine aus. Sie können lang und kompliziert sein oder so einfach wie ein Fingerschnipsen. Eine magische Geste verbindet den Zauberer mit seiner Zauberkraft. Diesen Zweck können auch magische Gegenstände und Werkzeuge erfüllen. Ein Zauberer braucht vielleicht auch eine besondere Kleidung, Kerzen oder Feuer, Kelche, Altäre, Messer oder Dolche, einen besonderen Ort oder ein Zimmer, besondere Kräuter oder andere magische Substanzen, Glocken oder Instrumente, Gehilfen oder irgendetwas anderes. Alle

sind sie Werkzeuge wie »gewöhnliche« Zauberstäbe oder -stöcke.

Für ein **Ritual** benötigt man Werkzeuge. Auch Zaubersprüche und Gesten gehören meist dazu. Rituale sind genauso vielfältig wie andere Zauberkünste, sie können Monate oder auch nur einen Augenblick dauern, ziehen sich meistens jedoch über eine oder zwei Stunden hin. Normalerweise werden sie an einem besonderen oder magischen Ort vollzogen – auf einem einsamen Hügel, in einem unterirdischen Tempel, auf einer Waldlichtung – immer mithilfe einer Reihe von Werkzeugen. Rituale können äußerst kompliziert sein und verlieren ihre Wirkung, wenn sie gestört werden. Aus diesem Grund setzen die meisten Magier, wenn möglich, einfachere Zauber ein.

Die Wirkungen von Zauberei lassen sich in der Regel einer von fünf Kategorien zuordnen. Nimmt ein Ding oder ein Teil davon eine andere Gestalt an, so ist das eine **Verwandlung**. Am bekanntesten sind Verwandlungen von Blei in Gold, die eines Feindes in eine Kröte oder die des eigenen Aussehens.

Wird etwas von einem anderen Ort oder aus der Luft herbeigerufen, handelt es sich um eine **Evokation**. Dabei können Feuerbälle gegen Feinde eingesetzt; Diener, Geschöpfe und Ungeheuer aus anderen Dimensionen vorgeladen werden oder der Zauberer kann sich selbst in ein Trugbild verwandeln.

Werden beispielsweise Gefühle manipuliert, spricht man von **Beschwörung**. Liebeszauber gehören dazu, aber auch das Verfluchen und Beeinflussen von Personen, die beispielsweise nach der Beschwörung bestimmte Gegenden meiden.

Mit physikalischen Eigenschaften zu spielen – wie dem Ort, der Geschwindigkeit, dem Gewicht, der Größe, dem Gesundheitszustand – fällt unter **Manipulation**. Dazu gehört das Teleportieren ebenso wie das Bewegen von Gegenständen, das Heilen von Krankheiten oder die Fähigkeit eines Magiers, sich selbst unsichtbar zu machen.

★ Links: ... oder magische Substanzen wie z. B. Morgentau.

Weitere Zauberkräfte

Ein Zauberer braucht jedoch noch mehr als reine Zauberei. Zauberkräfte allein machen noch lange keinen Zauberer. Dazu sind vielmehr bestimmte passive Fähigkeiten notwendig, die immer in dem Zauberer wirksam sind, selbst wenn er mit etwas anderem beschäftigt ist. Oft sind es besondere Fertigkeiten, die der Zauberer oder die Zauberin nach Belieben einsetzen kann. Sie führen jedoch im Gegensatz zum Zaubern nicht zu einem bestimmtem Ergebnis – ein Zauber bewirkt immer etwas – andere Kräfte hingegen sind einfach nur da.

Übersinnliche Fähigkeiten sind ein gutes Beispiel hierfür. Viele Zauberer sind medial veranlagt. Sie kön-

★ Oben rechts: Besonders eindrucksvoll ist Zauberei auf der Astralebene.

★ Rechts: Das Orakel von Delphi konnte die Zukunft vorhersagen.

nen spontan in die Zukunft blicken – wie, das ist unerklärbar und bisweilen auch ganz unerheblich. Manche erkennen sofort, wenn sie sich in Gefahr befinden, andere können Gedanken oder Gefühle lesen oder zumindest andere Wesen um sich herum spüren. Einige wenige können voraussagen, welche Taten Erfolge nach sich ziehen und welche sich als Fehler herausstellen werden. Bei der Gedankenkontrolle setzen die Jedis beispielsweise eine Geste ein – sie gibt dem Opfer ein, was es denken soll – ihre Fähigkeit jedoch, die Umgebung zu verändern, ist übersinnlich. Sie funktioniert wie ein sechster Sinn und ist immer aktiv. Einige Zauberer haben nur eine übersinnliche Fähigkeit, andere mehrere Sinne und Kräfte.

Astral-Projektion ist ähnlich wie die Übersinnlichkeit: Diese Kraft ermöglicht dem Zauberer, seinen Körper zu verlassen und in die Hülle eines unsichtbaren Bewusstseinszustands zu wandern. Diese Hülle kann sich dann mit Gedankenschnelle an andere Orte begeben, in andere Zeiten oder Dimensionen. Aus dem Astralleib können die meisten Zauberer beobachten und lauschen, aber nicht wirklich handeln. Einige wenige können aus ihm heraus sogar zaubern, was ihnen eine unglaubliche Macht verleiht.

Unsterblichkeit: Einige Zauberer sind, normalerweise mit gewissen Einschränkungen, unsterblich. Der eine Zauberer kann beispielsweise immun gegen Alterung und Krankheit sein, nicht allerdings gegen Verletzungen oder Angriffe – bei einem anderen Zauberer verhält es sich aber genau anders herum. Selbst ganz unsterbliche Zauberer besitzen in der Regel eine Schwäche oder verletzbare Stelle, genauso wie ein Werwolf nur durch Silber verletzt werden kann. Alterslose Zauberer wirken häufig alt, doch wie immer gibt es Ausnahmen und einige wirken jung oder sogar kindlich. Ebenso kann ein gebrechlicher alter Zauberer völlig unverletzbar gegenüber körperlichen Angriffen sein. Es gibt sogar einige, die regelmäßig ihr Erscheinungsbild wechseln, indem sie ihr Alter ändern, ihr Geschlecht, ihr Herkunftsland und je nach Laune sogar die Artenzugehörigkeit. Einige gehen dabei so weit, dass sie sogar vergessen, wie sie einmal ausgesehen haben.

Eine der größten Zauberkräfte ist das **Wissen**. Die meisten Zauberer sind äußerst belesen und haben Zugang zu jeder Art von Information, an die andere nicht herankommen. Im Englischen leitet sich der Begriff »wizard« (Zauberer) von »weise« ab. Durch das Wissen über chemische oder physikalische Prozesse gewinnt ein Zauberer Zugang zu ganz natürlichen Kräften – dazu gehören die Herstellung von Sprengpulver oder die Beschleunigung von Heilungsprozessen durch bestimmte Kräuter.

In den Händen eines intelligenten und wahrhaftigen Zauberers wird beinahe jede Art von Wissen zu einem mächtigen Werkzeug oder einer Waffe, egal ob er mit Hilfe seiner magischen Fähigkeiten die Umwelt verzaubert oder auf Grund seiner physikalischen Kenntnisse verändert. Den nicht Erleuchteten mag hier kein Unterschied auffallen – was macht es, ob der Zauberer zwei Pulver mischt oder den Zauberstab schwingt, wenn letztlich ein Feuerball dabei herauskommt? Bisweilen kann ein Zauberer also auch ein Wissenschaftler sein.

★ Unten: Virgil hatte auf Grund seines großen Wissens den Ruf ein Hexenmeister zu sein.

Meister der Zauberei

Zauberer sind nicht die einzigen Wesen mit magischen Kräften. Auch wenn ein Zauberer einen Zugang zur Magie haben muss, so stimmt der Umkehrschluss nicht automatisch. Im Grunde ist es eine Frage des Stils: Zauberer zwingen der Realität ihren Willen auf, diese ändert sich ihrem Zauber und ihren Ritualen gemäß. Andere magisch begabte Wesen treten auf andere Weise an das Universum heran. Dazu gehören vor allem Hexen, Schamanen und Mystiker.

★ Rechts: Hexen arbeiten in enger Zusammenarbeit mit der Natur.

Gemeinhin geht man davon aus, dass es sich bei Zauberern und **Hexen** um die männliche bzw. weibliche Version derselben Sache handelt. Von ihren spitzen Kopfbedeckungen bis zu dieser Behauptung ist es allerdings ein langer Weg. Sie stimmt, davon abgesehen, auch nicht. Von den Harry Potter-Büchern abgesehen, sind Hexen keine weiblichen Zauberer. Auch wenn die meisten Zauberer Männer und die meisten Hexen Frauen sind, so haben sie eine sehr unterschiedliche Herangehensweise an die Magie und an das restliche Leben. Hexen gehen mit der Natur und den Erdkräften um. Ihre Zauberkraft beziehen sie aus langen Ritualen, an denen normalerweise mehrere mitwirken und bei denen Evokation, Besprechung oder Beherrschung von Naturgeistern und -energien wirksam sind. Altes Wissen – Kräuterkunde, die Macht des Feuers, Knoten und Kerzen, Verwünschungen und Heilungen, zyklische Rhythmen und die natürlichen Zeitpunkte bestimmter Kräfte sind die Grundlagen ihrer Kraft, die sich als nützlich im Alltagsleben erweist. Eine Hexe kann die Zukunft voraussagen, jemanden in Liebe entbrennen lassen, die Milch von Kühen versiegen und auf einem Besen reiten. Hexenzauber muss häufig zu bestimmten Zeiten oder an bestimmten Orten stattfinden: bei Vollmond; Freitags zu Mitternacht; nackt um ein offenes Feuer herum; in einem heiligen Hain bei Dämmerung. Soll ein Handel mit dem Waldgeist abgeschlossen oder die Zukunft vorausgesagt werden, dann muss eine Hexe zur Tat schreiten. Übrigens, der korrekte Begriff für eine männliche Hexe ist Hexer (übereinstimmend mit historischen Definitionen), der für einen weiblichen Zauberer ist Zauberin.

Schamanen sind ebenfalls in der Natur verwurzelt. Im Gegensatz zu Hexen arbeiten sie allein, meist im Auftrag eines Stammes oder Dorfes. Ihre Kraft rührt aus ihrem Zugang zu einer von Geistern bewohnten Sphäre. Dazu setzen sie eine Kraft ein, die der Astral-Projektion ähnelt. Betritt ein Schamane das erste Mal die Geisterwelt, wird er von einigen machtvollen Geistern, so genannten Totems, angenommen. Diese werden meist von bestimmten Tieren verkörpert und nach ihnen benannt – der Bär ist stark und gelassen, der

Rabe schlau und die Spinne weise und geduldig. Das Totem eines Schamanen spiegelt seine wahre Persönlichkeit. Jeder Teil der Welt besitzt andere Totem, und fast jede Lebewesen kann ein Totem haben. Sobald der Schamane von einem Totem-Tier angenommen wird, steht ihm die Geistersphäre offen. Das Totem ist ihm Beschützer, Führer und Lehrer. Der Schamane ruft das Totem an, das ihn in die Zukunft blicken lässt. Er kann heilen, indem er in die Geistersphäre reist und die Seele des Patienten in Ordnung bringt. Er kann den Jägern des Dorfes Beute zeigen und den Häuptling von Dingen unterrichten, die für sein Volk wichtig sein werden.

Mystiker gewinnen durch körperliche und geistige Exerzitien Zugang zu Zauberkräften. Diese sind häufig äußerst schwierig, gefahrvoll oder entbehrungsreich, und es kann Jahre dauern, bis Mystiker Zauberkräfte gewinnen. Mystiker können ihren Körper meist völlig kontrollieren, woraus ihnen besondere seelische Kräfte zuwachsen. Selten jedoch können sie andere beeinflussen. Sie beherrschen in der Regel das verlangsamte Altern, das Aufhalten von Krankheiten, die Immunität gegen Gifte, gegen Waffen oder Steinwürfe, das tagelange Anhalten des Atems, eine unheimliche Schnelligkeit im Kampf oder das Hinaufklettern an unbegehbaren Oberflächen – ohne Zauberkräfte wären das höchst riskante Kunststücke. Einige Mystiker sind friedvoll und konzentrieren sich ganz auf geistige Fähigkeiten, während andere äußerst gefährliche Kämpfer sind.

Auch andere Wesen verfügen über magische Kräfte. **Halbgötter**, die mächtigsten der Helden und Bösewichter, sind entweder Kinder aus der Vereinigung eines Gottes und einer Sterblichen oder Teil eines Gottes in menschlicher Gestalt. Ihre Kräfte stammen allein aus ihrer göttlichen Herkunft und benötigen keinen Zauber und keine Konzentration. Ihre Fähigkeiten haben, auch wenn sie oft wie Zauberei wirken, nicht im Geringsten etwas mit Magie zu tun und sie dienen ausschließlich der Durchsetzung ihrer göttlichen Interessen.

★ Links: Mystiker können in andere Zeiten und an andere Orte blicken.

★ Unten: Ein Schamanen-Ritual bezieht oft den gesamten Stamm mit ein.

Okkultisten sind normale Menschen, die komplizierte, traditionelle Zauber- und Ritualmagie für eher alltägliche Ergebnisse einsetzen, wie Glück in Geschäftsdingen oder im Spiel oder um der Liebe etwas nachzuhelfen. Für einen Okkultisten ist Zauberei nichts Natürliches, Instinktives oder gar Herzstück seiner Persönlichkeit; sie entspricht mehr einer Tätigkeit oder einem Hobby. Manche der legendären okkulten Rituale können allerdings unglaubliche Fähigkeiten freisetzen – die Kraft, sich unsichtbar zu machen, sein Aussehen zu ändern oder den Geist eines anderen Menschen zu beherrschen – doch viele dieser Rituale sind seit langem verloren.

Von anderem Schlag

Wie es verschiedene Nicht-Zauberer mit unterschiedlichen Zugängen zu magischen Kräften gibt, gibt es auch verschiedene Kategorien von Zauberern. Jeder bezweckt dabei etwas anderes oder leitet seine Fähigkeiten über andere Kanäle. Sie alle haben als gemeinsame Grundlage die Zauberei – sie nutzen die Zauberkraft, um die Wirklichkeit zu zwingen, etwas Unnatürliches oder Ungewöhnliches zu vollbringen – doch trotzdem haben sie unterschiedliche Spezialitäten.

Zauberer teilt man in Hexenmeister und Ritualmagier ein. **Hexenmeister** sind Zauberer, die ihre Kräfte fast nach Belieben einsetzen, ohne Ritualmagie und selten mit Zauberspruch oder Geste. Ihre Zauberkraft ist groß, plötzlich wirksam und eher auffällig. Hexenmeister beherrschen Evokation und Manipulation, doch können sie weit mehr. Verwendet ein Zauberer wenige Zaubersprüche oder verbringt viel Zeit mit spektakulärer Zauberei wie dem Schleudern von Feuerbällen, einstürzenden Mauern, Fliegen oder Verwandlungen, so ist er in der Regel ein Hexenmeister. Sie lehnen das normale Drum und Dran des Zaubererlebens meist ab und können völlig normal wirken, bisweilen sogar ohne einen Zauberstab oder Stock auskommen. Trotz seines Stabes ist Gandalf ein typischer Hexenmeister.

Ritualmagier stehen auf der anderen Seite des Spektrums. Sie sind die Zauberer mit Umhängen und Hüten, sie tragen Zauberstäbe und verwenden auf jeden ihrer Zauber Zeit und Energie. Ihre Kräfte wirken nicht so unmittelbar wie die der Hexenmeister, doch setzen sie sich auch anders zusammen. Ritualmagier können nur mit einem Zauber arbeiten, den sie kennen, während sich mancher Hexenmeister diesen eben mal ausdenkt. Andererseits kann der Zauber eines Ritualmagiers äußerst kompliziert wirken und unter Umständen subtile und langwierige Folgen haben. In schwierigen Angelegenheiten ist ein Ritual ein Muss.

★ Rechts Ein Ritualmagier bereitet in seinem unterirdischen Reich einen Zauber vor.

Ritualmagier beherrschen insbesondere die Kunst der Beschwörung und besitzen übersinnliche Fähigkeiten. Harry Potter ist ein Ritualmagier, auch wenn seine Rituale meistens ziemlich kurz ausfallen.

Darüber hinaus gibt es Zauberer mit bestimmten Spezialgebieten, den so genannten **Domänen**.

Nekromanten spezialisieren sich auf Tote. Sie können Zombies, Skelette und andere Untote erschaffen, mit Verstorbenen sprechen, die Zukunft voraussagen oder aus der Vergangenheit berichten und sie zaubern, um zu zerstören und zu töten.

★ Links: Ein älterer Nekromant spricht zu den verstorbenen Verwandten dieses Paares.

Alchemisten arbeiten mit Zubehör und Ritualmagie, um ein Ding in ein anderes zu verwandeln. Traditionell geht es bei ihnen darum, Blei zu Gold zu machen und um ewiges Leben.

Dämonologen können Dämonen und andere mächtige Wesen vorladen und beherrschen. Ihre Kraft besteht normalerweise darin, anderen Wesen zu befehlen, für sie zu zaubern. Ohne ihre magischen Sklaven können sie völlig machtlos sein. Dämonologen und Nekromanten sind in der Regel böse.

Elementarier sind auf die Beherrschung und Manipulation eines oder mehrerer physikalischer Stoffe spezialisiert. Dabei handelt es sich meistens um die klassischen, altgriechischen Elemente Luft, Feuer, Wasser und Erde. Es können aber auch die chinesischen Elemente wie Holz, Stein oder Metall oder eine andere Stoffklasse sein. Elementarier können mit ihren Elementen so gut wie alles anstellen und oft auch ihr Element herzitieren: Ein Wasserzauberer kann es regnen lassen, das Meer teilen oder Wasser einatmen.

Großmagier schließlich beschäftigen sich mit dem Universum als Ganzem. Ihr Zauber ist vielfältig, abstrakt, schwer verständlich und hängt oft mit dem Gleichgewicht von Gut und Böse in der Welt zusammen. Sie können außerordentlich mächtig sein und lassen sich in der Regel nicht zu Alltagsangelegenheiten herab.

2 Magische Figuren

WIZARD

Magische Figuren

Berühmte Zauberer aus der Dichtung

Zauberer werden berühmt, das lässt sich kaum vermeiden. Je größer ihre Macht, desto verbreiteter die Kunde ihrer unglaublichen Leistungen. Volksmund, Gerüchte und die Geschichten von Reisenden bilden Legenden und diese erzählt man sich des Abends. Selbst weltabgewandt lebende Zauberer können bekannt werden, wenn argwöhnische Menschen deren Namen mit wilden Gerüchten in Verbindung bringen. Um das Zauberhandwerk zu erlernen, braucht man viel Zeit und Übung und die meisten Zauberer sind alt. Umso erstaunlicher, dass der derzeit berühmteste unter ihnen ein Junge ist.

Harry Potter

Harry Potter, die Schöpfung der Autorin J. K. Rowling, ist der bekannteste Zauberer der Welt. Von seinem ersten Erscheinen 1997 an begeisterten seine Abenteuer Anhänger rund um die Welt. Mit seinen preisgekrönten und millionenfach verkauften Büchern sowie einer großen Blockbuster-Produktion ist Harry der prominenteste aller Zauberer. Trotzdem waren seine Anfänge bescheiden.

BIOGRAFIE: Harry Potter ist Waise. Seine Eltern James und Lily Potter wurden ermordet, als er noch ein Baby war. Ihr Mörder war der böse Lord Voldemort, der mächtigste aller Dunklen Ritualmagier. Voldemort versuchte auch Harry zu töten, doch ein besonderer Schutz um das Kind warf den Angriff auf ihn zurück. Voldemort wurde grauenhaft verkrüppelt und Harry blieb eine spürbare Narbe in Form eines Blitzes auf der Stirn.

Nach dem Angriff wurde Harry zu seiner Tante und seinem Onkel, Petunia und Vernon Dursley, und deren Sohn Dudley in Pflege gegeben. Äußerst antimagisch eingestellt und wütend über die aufgelastete Bürde, behandelten sie Harry grausam und eher als Sklaven denn als Familienmitglied. Er wuchs auf, ohne viel von seinen Eltern oder von Zauberei zu wissen. Das alles änderte sich, als er zur Einschreibung an die Hogwarts Schule für Zauberei eingeladen wurde. Auf einmal entdeckte er die magische Welt und fand heraus, dass er dort eine Berühmtheit war, legendär, weil er den Angriff des Dunklen Lords überlebt hatte.

Seit dieser Zeit erlebte Harry mehrere Abenteuer mit seinen Freunden Ron Weasley und Hermine Granger. Harry ist mutig, einfallsreich und unverwüstlich und er ist ein ausgezeichneter Quidditch-Spieler. Bei diesem stürmischen Sport kommt ihm seine erstaunliche Beherrschung des Flugbesens zugute.

WELT: In Harrys auf den Kopf gestellter Version der Erde, halten sich Zauberer sorgfältig abseits von

★ Ganz links: Berliner Fans feiern Harry Potter.

★ Links: Der Kinodarsteller von Harry Potter.

★ Unten: Die Schöpferin von Harry Potter, Joanne K. Rowling.

nicht-magischen Menschen, die sie als »Muggels« bezeichnen. Alle Aktivitäten, die mit Zauberei zu tun haben, sind eingeschränkt, sodass die normale Bevölkerung nicht in Aufregung gerät. Der größte Teil des Gemeinschaftslebens findet in für Muggels unsichtbaren Gebieten statt. Hogwarts mit den vielen Türmen, Kellern, der großen Halle und steinernen Korridoren ist ein äußerst magischer Ort – so magisch, dass sogar Technik innerhalb der Grenzen dieser legendären Schule versagt. Ihr Direktor Albus Dumbledore ist ein sehr mächtiger Zauberer und zuverlässiger Verbündeter von Harry.

Name: HARRY POTTER

Alter: Kind

Körpergröße: 167 cm

Beschreibung: Dünner Junge mit verstrubbeltem, dichtem, dunklem Haar; runder Brille und einer blitzförmigen Narbe auf der Stirn

Hauptfähigkeiten: Fliegen, Verteidigung

Merkmale: Neugier, Mut, Freundlichkeit, Entschiedenheit

Wesen: Gut

Macht: Sehr groß, doch noch ungenügend ausgebildet

Typ: Ritualmagier

Domäne: Allgemeine Zauberei

Ziel: Voldemort aufhalten

Grundausrüstung: Nimbus 2000-Besen; Umhang, der unsichtbar macht; magische Karte von Hogwarts

Schöpferin: J. K. Rowling

★ Unten: Es gibt viele Harry Potter-Artikel, aber nichts schlägt die Bücher (hier die englische Ausgabe).

In allen Büchern ist die Zauberwelt eine eigene Welt, versteckt irgendwo hinter einer Ecke der irdischen Welt. Die Winkelgasse, eine der wichtigsten Einkaufsstraßen für Zauberer, liegt in London, verborgen hinter einer unscheinbaren Tür. Gleis neundreiviertel am Bahnhof King's Cross kann man nur betreten, wenn man durch eine feste Absperrung hindurchläuft. Die Zauberer selbst tun alles dafür, um sich vor der Muggel-Welt abzuschotten und verstehen auch nur sehr wenig von dem, was sich dort abspielt.

Da Hogwarts ein Internat ist, verbringt Harry die meiste Zeit dort. Jedes der vier Häuser hat seinen eigenen Turm und der jährliche Wettkampf um den Haussieg ist ebenso heftig, wie der um den Quidditch-Pokal. Das düstere Slytherin-Haus ist bekannt dafür, Dunkle Magier hervorzubringen – Harry gehört natürlich zu den tapferen Gryffindors. Die Lehrer und andere Erwachsene scheinen nie genau zu wissen, was

vor sich geht, mit Ausnahme des weisen alten Dumbledores, der hinterher immer alles von Anfang an wusste. So liegt es immer wieder an Harry und seinen Freunden, Voldemorts böse Pläne zu durchkreuzen.

MAGIE: Zaubersprüche werden mithilfe eines Zauberstabes durch kurze, geheimsprachliche Anrufungen (etwa »Expecto Patronum«) ausgestoßen. Wenn sie die Schule verlassen haben, versuchen die Zauberer, in einer Reihe magischer Betätigungsfelder Arbeit zu finden und ihr gesellschaftlicher Status richtet sich wie bei den Muggels nach Karriere, Wohlstand und Familie. Zauberinnen stehen dieselben Möglichkeiten offen. Auch wenn sie in den Büchern gelegentlich als Hexen vorkommen, so üben sie doch Zauberei, nicht Hexerei aus. Zauberer und Zauberinnen haben Zauberstäbe und Hüte und bewegen Dinge mit Zaubersprüchen. Hexen hingegen verwenden Feuer, sind bei Ritualen häufig nackt und vollführen diese nachts an abgeschiedenen Orten. Zauberinnen haben eine lange Tradition, weshalb der Begriff Zauberer eigentlich geschlechtsneutral ist.

★ Rechts: Gandalf der Graue.

Gandalf

Der Herr der Ringe von J. R. R. Tolkien schuf ein ganzes Fantasy-Genre. Leser kürten es weltweit immer wieder zum besten Werk des 20. Jahrhunderts, und mit Sicherheit ist es eines der einflussreichsten. Seine Themen und Szenarios wurden für die meisten Fantasy-Werke fast zum Standard. Das Fantasy-Genre, das es begründete, ist nach dem Liebesroman das zweitpopulärste auf Erden. Durch den Roman schreitet Gandalf, eine mächtige und geheimnisvolle Hauptfigur mit unglaublichen Kräften, gepaart mit schier unendlicher Freundlichkeit und Weisheit. In vielerlei Hinsicht ist Gandalf der Archetyp des Zauberers – und allen anderen ein Vorbild.

BIOGRAFIE: Uralt und alterslos ist Gandalf nicht wirklich menschlich. Wie die anderen Istari, die Zauberer von Mittelerde, dem Land, in dem *Der Herr der Ringe* spielt, ist er einer der Maiar – ein Geistwesen, das mit menschlicher Gestalt und menschlichem Geist für die Mächte des Guten wirkt. Er erscheint als alter Mann mit langem weißem Haar und Bart, in Gewand und Mantel. Er trägt einen Stab, der seine Kraft überträgt, und den roten Ring des Feuers, einen magischen Ring von unglaublicher Macht, mit dem er die Flammen beherrscht, Leidenschaften und Wunder ins Leben ruft.

Im Lauf der Jahrhunderte erhielt Gandalf mehrere Namen. Zuerst hieß er Olórin und die Elben kennen ihn als Mithrandir. Im Dritten Zeitalter kam er nach Mittelerde, als Sauron, seit Urzeiten der Feind, sich wieder im Großen Grünwald einzunisten begann. Aufgrund Saurons wachsender Macht und der Verfinsterung von Grünwald in Düsterwald, kamen Gandalf und die anderen Istari mit dem Schiff aus dem Westen. Im Besitz großer geistiger und manueller Kräfte, reiste Gandalf durch Mittelerde, sprach mit Menschen und Elben ebenso wie mit Tieren und Vögeln, auf der Suche nach Neuigkeiten.

Gandalf war von allen Zauberern der wachsamste und ahnte, dass die Finsternis von Düsterwald durch das Wiedererstarken von Saurons Macht entstand. Er vertrieb den Schatten aus dem Wald, doch der kehrte langsam wieder zurück. Gandalf begab sich wieder dorthin, es kam zu einem Zusammenstoß mit Sauron und es gelang Gandalf, lebendig zu entkommen. Er versuchte die Ratsversammlung der Führer der freien Menschen davon zu überzeugen, etwas gegen den Feind zu tun, wurde jedoch von dem verräterischen Zauberer Saruman, der die Versammlung leitete, hingehalten. Schließlich drängte alles zu raschem Handeln, Saruman konnte es nicht länger hinauszögern und erneut wurde Sauron aus Düsterwald vertrieben. Doch war der Feind, der sich in sein altes Königreich Mordor zurückzog, wieder im Besitz seiner früheren Kräfte.

In den folgenden Schlachten gaben Gandalfs Weisheit und Kraft den Ausschlag zugunsten des freien Volkes. Der Verräter Saruman wurde niedergeworfen und Sauron ein für alle Mal vernichtet. Nach getanem Werk verließ Gandalf Mittelerde mit dem Schiff und kehrte in das alte Land im Westen zurück.

WELT: In vielerlei Hinsicht ist das Land Mittelerde der eigentliche Held von Tolkiens Opus. Er betrachtete seine Werke eher als Geschichten des Möglichen, als sich selbst als Autor einer epischen Abenteuergeschichte und achtete oft ebenso genau auf die Welt und ihre Vergangenheit, wie auf die Figuren und Handlungen. Daher sind Geschichte, Geographie und Politik von Mittelerde wohl bekannt.

Mittelerde ist ein magischer Ort. Er wird von einer Reihe fühlender Wesen bevölkert, vom »Freien Volk« – dies sind Menschen, Elben, Zwerge und Halblinge – ebenso wie von zahlreichen anderen Arten intelligenter Geschöpfe: Von einigermaßen erfreulichen Wesen wie Ents bis hin zu bösartigen Monstern wie Orks, Halborks, Trollen, Riesen und Drachen. Das Freie Volk besiedelt mehrere Nationen und Gegenden. Menschen besetzen eine Reihe verschiedener Länder. Elben, Zwerge und Halblinge gehören alle zu verschiedenen Nationen, Enklaven und Gebieten. Einige der Monster

– die wichtigsten sind die Orks aus Mordor – besetzen ihre eigenen Regionen. Mittelerde selbst ist nicht viel anders als Europa oder Amerika. Es ist riesig, mit meist gemäßigtem Klima, mit hohen Gebirgen, weiten Ebenen, freundlichen Tälern und riesigen Wäldern, die fremdartige und uralte Geschöpfe beherbergen. Richtung Norden wird das Land immer polarer, kälter und öder – Richtung Süden heiß und sandig.

Zauberei gehört in Mittelerde zum Alltag. Auch wenn Gandalf und die Istari die einzigen Zauberer sind, sind auch Elben magisch begabt und einige wenige andere Arten verfügen ebenfalls über Zauberkräfte. Außerdem gibt es allerlei magische Gegenstände und Dinge, die besondere Kräfte verleihen. Das Schwert »Sting«, vom Hobbit Bilbo seinem Neffen Frodo überlassen, leuchtet blau, wenn Orks in der Nähe sind. Die Ringe der Macht – drei für die Elben (einschließlich Gandalfs rotem Ring des Feuers), sieben für die Zwerge, neun für die Menschen und ein Meister-Beherrschungs-Ring – stehen am anderen Ende der Kräfteskala und verleihen enorme Macht. Ungeheuer, Hexerei und Untote sind für die meisten Bewohner eher Erscheinungen, vor denen man sich in Acht nehmen sollte, als nur Geschichten und Gerüchte.

Magie: Wie die anderen Istari ist Gandalf eher ein Hexenmeister, der ohne Rituale auskommt. Er ist ein mächtiger Zauberer mit einem reichen Schatz an Weisheit und Kräften sowie dem Wissen, wie sie zu verstärken und anzuwenden sind. Er beherrscht insbesondere das Feuer und erschafft mit Vorliebe großartige Feuerwerksspektakel. Auch wenn er sich selten mit

★ Rechts: Galadriel, die Elbenkönigin, ist selbst auch eine begabte Hexe.

Name: GANDALF DER GRAUE, AUCH BEKANNT ALS MITHRANDIR, OLÓRIN, STURMKRAHE
Alter: Mehrere Jahrtausende
Körpergröße: 182 cm
Beschreibung: Schlanker alter Mann mit langem weißen Haar und Bart, langer, gekrümmter Nase, gekleidet in blaue Gewänder und mit einem Stab in der Hand
Hauptfähigkeiten: Manipulation von Feuer (offensiv und defensiv), Weisheit
Merkmale: Auflösungsvermögen, Entschiedenheit, Freundlichkeit
Wesen: Gut
Macht: Unglaublich groß
Typ: Hexenmeister
Domäne: Elementarier (Feuer)
Ziel: Die Freien Völker dabei zu unterstützen, Sauron niederzuwerfen
Grundausrüstung: Stab, der rote Ring des Feuers
Schöpfer: J. R. R. Tolkien

★ Links: Gandalf und Frodo Baggins.

Zaubersprüchen aufhält, so kann er sie doch bei Bedarf einsetzen. Andere in Mittelerde sind mehr auf Ritualmagie angewiesen. Tom Bombadil hat sich auf Zaubersprüche verlegt – und kann auf sie reagieren; Elben vollziehen eher Rituale aus alten Zeiten zur Herstellung wundersamer Artefakte.

Yoda

Als schrumpeliges, kleines altes Alien, hinter dessen merkwürdigem Aussehen sich unglaubliche Macht und Weisheit verbirgt, ist Yoda eines der ausgefallensten magischen Wesen – ein Science Fiction-Zauberer. Die *Krieg der Sterne*-Folgen prägten eine ganze Generation. Sie war begeistert von der Mixtur aus Spezialeffekten und den von Italo-Western inspirierten Plots sowie den märchenhaften Zaubereien und Fantasiegebilden. *Krieg der Sterne* wurde erdacht und gemacht von George Lucas, Regisseur und Produzent. Hollywood hielt seine Idee für so absonderlich, dass er das Geld für die erste Folge erst nach zehn Jahren zusammen hatte. Yoda kommt größtenteils in der zweiten Folge der Original-Trilogie, *»Das Empire schlägt zurück«*, vor. Er ist jedoch so beliebt, dass er seither in jeder Folge einen Auftritt hatte.

BIOGRAFIE: Als mächtiger Meister der Jedi-Religion, verantwortlich für die Ausbildung neuer Jedi-Ritter, war Yoda in politischer wie spiritueller Hinsicht von höchstem Einfluss. Als älteres Mitglied des Jedi-Rats in der alten Republik war er bereits über 850 Jahre alt, als er der Vernichtung der Jedi-Ritter durch die Hand eines Verräters entkam und in die Dschungelwelt von Dagobah entfloh. Mit Hilfe der natürlichen, dunklen Dämpfe des Planeten als schützendem Versteck, konnte er sich über 20 Jahre lang vor seinen Feinden verbergen.

In der Folgezeit veranlasste Yodas alter Freund und Schüler, Obi-Wan Kenobi, Luke Skywalker nach Dagobah zu gehen. Dort angekommen, übernahm Yoda zum letzten Mal die Rolle des Lehrers und tat sein Bestes, die Kraft des jungen Mannes auszubilden. Luke machte sich unter Yodas kundiger Anleitung gut

★ Ganz links: Yoda ist zwar ein Science Fiction-Zauberer – aber dennoch ein wahrer Zauberer.

★ Links: Der Meister und sein Schüler: Ein Zauberer zu werden ist harte Arbeit.

und reiste noch vor Beendigung seiner Lehrzeit ab, um Freunde, die er in Gefahr sah, zu retten. Bereits über seine letzten Tage hinaus, gelang es Yoda, so lange zu überleben, um den jetzt fertig ausgebildeten Luke bei der Rückkehr zu begrüßen, ehe er an Altersschwäche verstarb.

Auch wenn er klein, grün und faltig war, mit Schlappohren, spindeldürren Gliedern und einem Gehstock, so war Yoda in jeder Hinsicht ein beeindruckender spiritueller Meister. In ihm vereinten sich Nachsicht mit Reizbarkeit, Verständnis mit Nachdruck, Wissen mit Macht und auch wenn er immer gutartig wirkte, so war er doch bei Bedarf in der Lage, Schrecken und Furcht zu verbreiten. Wie er sprach, war ebenfalls ungewöhnlich. Er setzte das Subjekt, das normalerweise an den Satzanfang gehört, ans Satzende: »Stark bin ich«, statt »Ich bin stark« und »Lichtwesen sind wir«, statt »Wir sind Lichtwesen«.

WELT: In der alten Republik lebte Yoda vor allem in der Hauptstadt Coruscant. Diese unglaubliche Welt wurde in Form einer riesenhaften Stadt, die den ganzen Globus überzieht, aufgebaut und überbaut. Auch ihre Türme ragen kilometerhoch in den Himmel. Auf sie wiederum blickt man von einem Gewirr aus gleitenden Plattformen, schwebenden Wegen und Gebäuden herab. In Coruscant gibt es kaum Platz. Die Jedi-Ritter hatten hier ihr Hauptquartier, das bei ihrem Verrat jedoch zerstört wurde. Dagobah bedeutete eine große Veränderung. Der Planet, auf den sich Yoda rettete, war voller Sümpfe, bevölkert von Geschöpfen der Wildnis und anderen Lebensformen, jedoch nicht von intelligenten Wesen. Stark auf der dunklen Seite der Macht – mit ihrem bösartigen und zerstörerischen Zyklus – verbarg sich der Planet einerseits unter seinen Dämpfen, andererseits schützten diese Ausdünstungen ihn aber auch vor seinen Feinden.

★ Unten: Mantel, Stock und Zauberkräfte – Obi-Wan erfüllt ebenfalls die Bedingungen.

Für die meisten Bewohner des Imperiums gehört Zauberei in die Welt von Aberglauben und Mythologie. Nur die wenigen Menschen, die jemals einem Jedi-Ritter oder einem Sith gegenübertraten, konnten wahrhaftige Zauberei erleben. In ihrem Alltag verlassen sich die meisten auf Technologie. Als das Imperium die Macht erlangte und die Jedi-Ritter auslöschte, unterdrückte man deren Wissen, um ein Wiedererstarken zu verhindern. Ihre Zauberkraft geriet so größtenteils in Vergessenheit.

MAGIE: Yoda ist Meister der Jedi-Künste, einer faszinierenden Mischung aus Zauberei und Mystik. Ihre Zauberkraft erhalten die Jedi-Ritter von der Macht, einem universellen Energiefluss, der alles durchströmt und miteinander verknüpft. Setzt man die Kraft der Macht ein, so lassen sich Gegenstände durch Telekinese bewegen, man kann in die Zukunft schauen (und einen Blick auf die Gegenwart werfen), die Gedanken – und Körperfunktionen – anderer kontrollieren, sich stärker machen und sogar reine Energie manipulieren. Ursprünglich dienten die Jedi-Ritter als Wächter von Recht und Ehre, setzten Gesetze und Verordnungen der Republik durch und verwendeten ihre Zauberkraft zur Verstärkung ihrer Kräfte, um als eine Art Super-Polizei zu arbeiten. Im Kampf waren sie unglaublich schnell, da sie die Bewegungen ihrer Gegner gedanklich vorwegnehmen konnten. Dazu kam die Fähigkeit zur Vervielfältigung ihrer Kräfte, Geschwindigkeit und Beweglichkeit. Zusätzlich konnten sie per Gedankenkontrolle und Telekinese die Gesetze hüten.

Zaubersprüche und Rituale spielen bei der Zauberei der Jedi-Ritter so gut wie keine Rolle. Auch wenn die alte Jedi-Kunst vieles mit Religion gemein hatte – mit Wandlung und Ritual, formalisierter Sprache und Ausbildung – so konzentriert sich die Magie selbst doch vor allem auf Gesten, um die Macht der Kraft zu leiten. Neben dieser hexenmeisterlichen Komponente besitzen Jedi-Ritter auch beachtliche übersinnliche Kräfte, vor allem das Sichten der Umgebung und der Gedanken anderer Wesen, die Ahnung von zukünftigen Ereignissen und das Spüren des Kraftflusses.

Die Jedi-Ritter repräsentieren die helle Seite der Kraft und sind an Recht und Gesetz gebunden, doch steht ihrer guten Kraft die dunkle Seite der Macht, wie sie die Sith Lords verkörpern, entgegen. Die Sith sind das Gegenteil der Jedi-Ritter, nur der persönlichen Bereicherung und dem Machtgewinn zugewandt, doch verfügen sie über dieselben Techniken, Mächte und sogar viele der Rituale und Formalitäten der Jedi-Religion. Nach Jahrhunderten im Verborgenen, verrieten und vernichteten die Sith schließlich die Jedi, verjagten und töteten sie und setzten ihre eigenen Mächte ein, um die Republik zu beherrschen und in ein Weltreich zu verwandeln.

Name: YODA

Alter: 900 Jahre und älter

Körpergröße: 66 cm

Beschreibung: Kleines, schrumpeliges grünes Alien mit langen, spindeldürren Armen und Beinen sowie Schlappohren, bekleidet mit einem roten Tuch, das in der Taille mit einem Strick zusammengehalten wird

Hauptfähigkeiten: Hellsichtigkeit, Telekinese

Merkmale: Geduld, Weisheit, Guru

Wesen: Gut

Macht: Sehr groß

Typ: Hexenmeister, Hellseher

Domäne: Manipulation, Hellseherei, übersinnliche Fähigkeiten

Ziel: Das Gesetz aufrechtzuerhalten; die Macht wieder auszugleichen

Grundausrüstung: Keine, er verlässt sich nicht wirklich auf die materielle Welt

Schöpfer: George Lucas

Rincewind

Der Anti-Held von Terry Pratchetts ersten beiden humorvollen Fantasy-Romanen – und noch weiteren der Reihe – ist Rincewind, der unbegabteste Zauberer der Scheibenwelt. In seiner Absonderlichkeit passt er perfekt in die Folge übermütiger Parodien, die typisch für Pratchetts Werk sind. Rincewind ist einer der langlebigsten Figuren der Scheibenwelt und scheint die verrückte Welt selbst zu verkörpern. Da es neben der mehr als 20-bändigen Reihe zwei Computerspiele, ein Rollenspiel und verschiedene andere Produkte gibt, sieht es aus, als ob er noch eine Weile weitermachen würde.

Biografie: Rincewind wurde unter der ungünstigen Konstellation der »Kleinen Langweiligen Gruppe Blasser Sterne« geboren, einem Sternzeichen, das normalerweise mit Zwiebelverkäufern und Schachbrettherstellern in Verbindung gebracht wird. Er wuchs im Stadtteil Schatten (Shades), einer besonders gefährlichen, übelriechenden Gegend der Stadt Ankh-Morpork, auf. Da bereits die Stadt selbst einen wohlverdienten Ruf als generell gefährlich und übelriechend genießt, ist Schatten ein Stadtteil, in den sich Touristen aus Versehen verlaufen, nur um ihn einige Tage später als Hundefutter wieder zu verlassen. Der Fluss Ankh, der die Metropole in die alten Städte Ankh und Morpork trennt, ist so voller Abwässer, Verschmutzung, Moder und anderem Müll, dass er eher zu glitschen als zu fließen scheint.

Trotz dieses unpassenden Beginns seiner Zaubererkarriere gelang es Rincewind, in die Unsichtbare Universität zu gelangen, die größte Akademie der magischen Künste in der Scheibenwelt. Einmal dort, wurde sein Mangel jeglichen magischen Talents überschattet, als er sich erdreistete, ein Zauberbuch namens Oktav zu öffnen, in dem die acht Großen Zauber steckten, die der Schöpfer bei der Erschaffung der Welt benutzte. Einer der Zauber entkam in Rincewinds Kopf und blieb dort. Andere Zauber trauten sich nicht in seinen Geist zu dem extrem heftigen Zauber. Die besten Zauberer der medizinischen Fakultät waren unfähig, ihn wieder herauszuholen und Rincewind so, in magischer Hinsicht, zu kastrieren. Am schlimmsten war, dass der Zauberspruch ihn, wann immer er erschöpft war, zwang ihn auszusprechen und keiner wusste, ob dies die Welt vernichten würde oder nicht.

Nach dem Diplom konnte Rincewind immer noch nicht zaubern und brachte sich als bedeutungsloser Übersetzer durch, bis ihm Zwieblum (Twoflower) begegnete, der erste Tourist der Scheibenwelt. Nachdem er zunächst versuchte, Zwieblum um genügend Gold für den Rest seines Lebens zu erleichtern, wurde Rincewind mit vorgehaltener Pistole überredet, den Rei-

★ Unten: Das Chaos herrscht in der Unsichtbaren Universität, der größten Akademie der magischen Künste in der Scheibenwelt.

✶ Links: Rincewind ist ein Zauberer – schließlich hat er einen Hut, um es zu beweisen.

seführer für den Touristen zu spielen. Beide stolperten durch eine Reihe chaotischer Abenteuer, einschließlich des Angriffs durch einen bösen älteren Gott, dem Kidnapping durch Reiter eingebildeter Drachen und des Sturzes über den Weltenrand in einen goldenen Fisch, bis Rincewind endlich den Zauber aus seinem Kopf vertreiben konnte und Zwieblum nach Hause fuhr.

Doch selbst nachdem er den großen Zauberspruch losgeworden war, war Rincewind als Zauberer ein Fehlschlag. Immer noch unfähig, selbst Grundlagenzauber zu beherrschen, verbrachte er eine Weile als Assistent der Universitätsbibliothek, deren Bibliothekar einige Zeit vorher in einen Orang-Utan verwandelt worden war.

Nach einer Weile in der Kerkerdimension wurde er zufällig durch einen nachlässigen Dämonologen namens Eric zurück auf die Scheibenwelt geholt. Natürlich folgten weitere Abenteuer. Zuletzt sah man Rincewind, als er sich durch den verlorenen Kontinent »Forecks« schlug, immer noch heiter und unfähig, irgendwelche magischen Kräfte aufzubieten.

WELT: Die Scheibenwelt ist so magisch, wie das Universum weit ist. Sie ist eine, physikalisch gesehen, unmögliche Gegend und wurde zum Leben erweckt, weil ein völlig anderes Universum irgendwo danach verlangt hatte. Die Scheibenwelt selbst ist, wie ihr Name schon sagt, ein flacher, runder Planet. Sie ruht auf dem Rücken von vier großen Elefanten mit Namen Berilia, Tubul, Jerakeen und Groß-T'Phon. Diese mächtigen Geschöpfe stehen wiederum auf dem Rücken einer Groß-A'Tuin, einer riesigen Sternenschildkröte, die endlos durch die Meere des Raums

Name: Rincewind
Alter: Ende 30
Körpergröße: 180 cm
Beschreibung: Dürrer, frettchenartiger Mann in schmuddeligen roten Gewändern, mit einem Hut, auf den schlampig das Wort »Zaubberer« gestickt ist
Hauptfähigkeiten: Am Leben zu bleiben, wegzulaufen
Merkmale: Feigheit, nagender Gerechtigkeitssinn
Wesen: Mehr oder weniger gut
Macht: So gut wie keine
Typ: Ritualmagier, zumindest in Theorie
Domäne: Nun, er ist nicht schlecht in Sprachen
Ziel: Zu überleben und vielleicht im Lauf der Zeit reich zu werden
Grundausrüstung: Sein Hut und der halbfühlende Schrankkoffer, den ihm Zwieblum überlassen hat
Schöpfer: Terry Pratchett

treibt. Eine kleine Sonne, die nur eine Meile entfernt ist, umkreist die Scheibe endlos und sorgt für Tag und Nacht. Auf einem solchen Planeten kann eigentlich alles passieren.

Zauberei ist in der Scheibenwelt völlig normal. Dahergelaufene Wahrsager, Hexen, Alchemisten und Priester gibt es zuhauf. Alles nur Erdenkliche ist magisch; von sprechenden Schwertern und besonderen Zaubertränken bis hin zu Werwölfen, Gnomen und sogar fühlenden Bäumen. Die Bewohner der Scheibenwelt glauben nicht explizit an Zauberei, es gibt sie einfach. Die Scheibenwelt-Zauberer sind ein eher selbstzufriedener Haufen und mehr an ihren akademischen Ämtern und der Wahl ihrer nächsten Mahlzeit interessiert, als an der Erforschung der Geheimnisse des Universums.

Die Unsichtbare Universität in Ankh-Morpork ist der bedeutendste Sitz magischer Gelehrsamkeit in der Scheibenwelt. Ihr Hauptgebäude besteht aus einem riesigen, langgezogenen Bau im gotischen Stil mit allen möglichen Flügeln, Türmen, Geschossen und Anbauten. Der Innenplan ist irgendwie unübersichtlich und auf den Unvorsichtigen warten jede Menge Überraschungen, besonders in der Gegend der magischen, energiegeladenen Forschungslabors. Die Große Halle, dort wo die Mahlzeiten serviert werden, bleibt als einzige stabil.

Magie: Scheibenwelt-Zauberei besteht aus harter Arbeit und ist normalerweise nicht der Mühe wert. Man braucht nicht selten Monate oder Jahre, um einen Zauberspruch auswendig zu lernen, und wenn man das einmal geschafft hat, dann braucht man für das dazu gehörige Ritual Stunden an Arbeit und alle möglichen ungewöhnlichen Zutaten. Ehrlich gesagt ist das alles viel zu viel Plackerei. Daher beschäftigen sich die meisten Zauberer mit etwas Vernünftigerem als Zauberei – dem Mittagessen beispielsweise. Die anderen Zauberer finden Rincewind aufgrund seiner vielen Abenteuer etwas sonderbar.

★ Unten: Die Scheibenwelt ist an sich so magisch, dass sich Zauberei kaum lohnt.

Der Zauberer von Oz

★ Links: Das Originaltitelbild.

L. Frank Baum schuf mit seiner großartigen Reihe, die im Land Oz spielt, eines der langlebigsten Märchen der modernen Welt. Seine berühmteste Umsetzung fand es 1939 in dem Film *Der Zauberer von Oz*. Er basiert hauptsächlich auf Baums im Jahr 1900 veröffentlichten Buch *Der wunderbare Zauberer von Oz*. Dorothy, eine junge Waise aus Kansas und ihr Hund Toto werden – wahrscheinlich im Traum – in das magische Märchenkönigreich von Oz gebracht. Der geheimnisvolle Zauberer, der dem Film seinen Titel gab, regiert über das Königreich. *Der wundervolle Zauberer von Oz* war das erste Buch, das Baum über das Königreich schrieb, doch veröffentlichte er zwischen 1904 und seinem Tod 1919 noch 13 weitere Bücher darüber; acht mehr als ursprünglich geplant. Andere Autoren setzten dort an, wo er aufgehört hatte und heute zählen 40 Werke zu den Geschichten über Oz. Auch wenn viele Zuschauer den Film als *die* Oz-Geschichte sehen, so ist der *Der Zauberer von Oz* von 1939 nur einer von 17 Filmen, die alle Baums Werke als Vorlage haben. Trotzdem ist er von allen der bekannteste.

Biografie: Oscar Zoroaster Phadrig Isaac Norman Henkle Emanuel Ambroise Diggs wurde 1828 in Omaha, Nebraska geboren. Von Anbeginn an trug das Kind schwer an der Bürde eines solch langen und schwerfälligen Namens. Als ihm klar wurde, dass seine Initialen nacheinander gesprochen »Ozpinhead« ergaben, nannte sich Oscar, als er größer wurde, O. Z. und ließ das »P. I. N. H. E. A. D.«, diesen Schandfleck für seine Intelligenz, einfach weg. Vielleicht aufgrund der Abneigung gegen seinen Namen, lief Oscar noch als Jugendlicher von zu Hause weg und schloss sich einem Zirkus an. Er erlernte Zaubertricks – Bauchrednerei, Bühnenzauber und Heißluftballonfahrt – und wurde ein begnadeter Bühnenkünstler in Nebenvorstellungen. Um seine Zuschauer richtig einzustimmen, nannte er sich Zauberer und druckte seine Initialen auf seinen Ballon und andere Ausrüstungsgegenstände.

★ Oben: Der Zauberer und Dorothy kurz vor ihrem Abflug.

★ Rechts: Die böse Hexe des Westens mit einem ihrer magischen Geschöpfe.

Eines Nachmittags blies ein Wind ihn und seinen Ballon weg vom Zirkus und über die Wüste. Nach einer Weile schwebte er über die vier Länder der Munchkins, Gillikins, Winkies und Quadlings, die alle jeweils von einer Hexe beherrscht werden. Oscar stellte sich als Zauberer vor und jeder entbot ihm Respekt, bereits beeindruckt durch seine Anreise durch die Luft. Er bestellte die Anwohner zu sich, um die Stadt der Smaragde an dem Punkt zu errichten, an dem sich die vier Länder berührten und erklärte sich selbst zum Herrscher des Landes Oz. Viele Jahre lang regierte er Oz in Frieden und wurde schließlich alt und krank vor Heimweh. Als Dorothy von einem Wirbelsturm herbei getragen wurde, wollte er sie wieder zurück nach Hause bringen. Wieder entriss sich der Ballon seiner Kontrolle und wurde davon getragen. Trotzdem kam Dorothy nach Hause und Oscar zurück nach Omaha.

Dort angelangt, stellte er fest, dass all seine alten Freunde verstorben oder weggezogen waren und er kehrte zurück nach Oz. Jetzt wurde das Land von der rechtmäßigen Prinzessin Ozma regiert und Oscar wurde zu ihrem offiziellen Zauberer ernannt. Unter Anleitung der guten Hexe Glinda machte er Fortschritte bis hin zu einem Diplom der Östlichen Evian Universität der Zauberei und wurde ein echter, guter Zauberer.

WELT: Das Land Oz ist ein Märchenkönigreich und so gehört die Magie zum Alltag. Jede Art magischer Geschöpfe und Menschen gibt es hier. Es sind so viele, dass die Menschen grob in Menschen aus Fleisch und Blut und Knochen wie Dorothy und Glinda; und Menschen aus anderen Dingen wie der blecherne Holzfäller und die Vogelscheuche, unterschieden werden. Außer den bösen Hexen des Westens und Ostens, die Dorothy »auslöscht«, gibt es zwei weitere böse Hexen: Mombi und Singra, die den Norden und Süden solange beherrschen, bis die guten Hexen Glinda und Locasta sie bekämpfen und vertreiben.

MAGIE: Die Zauberei in Oz entspricht typischen Fantasy-Mustern – es herrscht ein Durcheinander aus Zaubersprüchen, Ritualen, Gesten und magischen Gegenständen. Mithilfe eines Gesangs kann der Zauberer durch eine geschlossene Tür gehen. Er braucht jedoch einen Zauberspruch, wenn er sich unsichtbar machen will und Kräuter auf seinem Kopf, wenn er sich zeitweilig in Holz verwandeln möchte. Allgemein betrachtet, ist die Zauberei in Oz machtvoll aber nicht gewaltig – was ihr jedoch an reiner Durchschlagskraft fehlt, macht sie durch ihre Allgegenwärtigkeit wett.

Name: DER ZAUBERER VON OZ (AUCH BEKANNT ALS OSCAR ZOROASTER PHADRIG ISAAC NORMAN HENKLE EMANUEL AMBROISE DIGGS)

Alter: 72

Körpergröße: 162 cm

Beschreibung: Ein freundlich aussehender, kleiner alter Mann mit Glatze und Falten, trägt schwarze Samtgewänder

Hauptfähigkeiten: Bauchrednerei

Merkmale: Freundlich, hilfsbereit

Wesen: Gut

Macht: Keine

Typ: Zauberer

Domäne: Zirkuskunststücke

Ziel: Das Land Oz zu regieren

Grundausrüstung: Heißluftballon

Schöpfer: L. Frank Baum

Abdul Al-hazred

Den als Cthulhu-Mythos bekannten Geschichtenzyklus erschuf der 1890 geborene amerikanische Horrorautor Howard Phillips Lovecraft. In den Geschichten präsentierte er seine schreckensreiche Weltanschauung: Er beschreibt die Erde als winziges, freundliches Licht inmitten eines dunklen, bösartigen Universums. Die Menschheit schwankt am Rande eines riesigen Abgrundes, der die Erde jederzeit verschlingen kann. Alles, woran die Menschen glauben, ist offenkundig falsch; die wahren Herren der Erde sind mehrere widerwärtige, monströse Ältere Götter, die für kurze Zeit aus unserer Wirklichkeit vertrieben wurden, jedoch zur Rückkehr bereit sind, »sofern die Sterne günstig stehen«. Cthulhu selbst ist einer dieser bösen Götter. Lovecrafts Werk wirkt immer noch nüchtern und verstörend, und es übte großen Einfluss auf Literatur und Film aus – nicht nur im Horror-Genre, sondern auch in anderen Bereichen. In den Geschichten des Cthulhu-Mythos taucht immer wieder der verderbliche Einfluss des *Necronomicon* auf. Dieses böse Zauberbuch berichtet ausführlich über Cthulhu und seine Kumpane, und enthält Zaubersprüche, durch die die Diener der Älteren Götter vorgeladen und gezwungen werden können, Böses zu verrichten. Wer den Necronomicon liest, wird verrückt … doch der Necronomicon selbst ist eine Übersetzung einer früheren Schrift, der *Kitab Al-Azif*, die aus der Feder des verrückten Arabers Abdul Al-Hazred stammt.

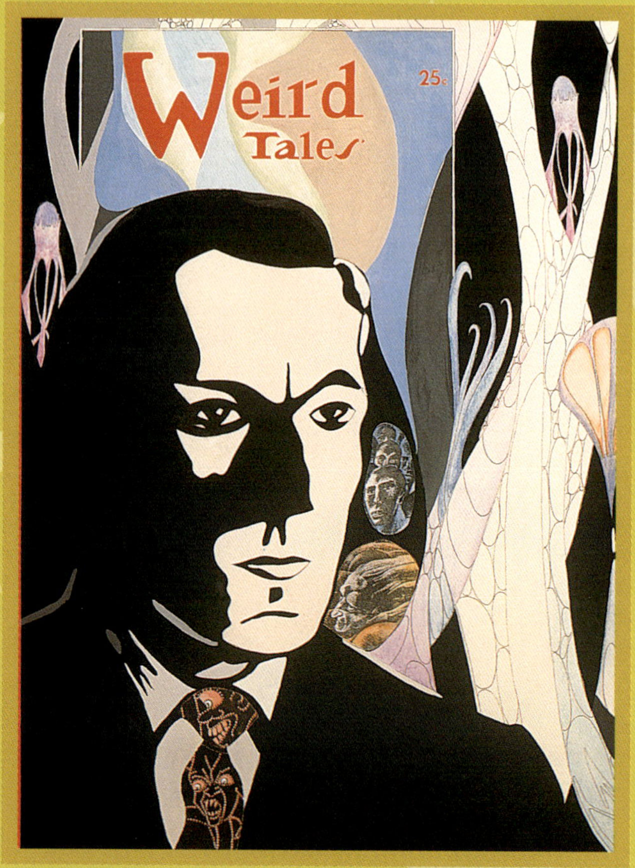

★ Rechts: Howard Phillips Lovecraft.

Biografie: Abdul Al-Hazred (oder genauer Abd Al-Azir, »Anbeter des Großen Verzehrers«) lebte im späten 7. und frühen 8. Jahrhundert. Geboren in Sanaa im Jemen war er Dichter und Philosoph und erwarb mit seinen Künsten große Erfolge und Anerkennung zur Zeit der Ommajaden-Kalifen um 700. Als eine Art Schüler der Zauberei, der Astronomie und der alten Wissenschaften, zog er durch das alte Arabien auf der Suche nach Inspiration und Geheimnissen, weshalb man ihn für verrückt erklärte. Er reiste durch die Ruinen von Babylon und die Labyrinthe unterhalb der ägyptischen Tempelstadt Memphis, bevor er allein hinaus in die große Wüste im Süden zog – die *Roba al Khaliyeh* oder das *Leere Viertel*, bei den alten Arabern besser bekannt als die *Dahma* oder *Karmesin*-Wüste. Diejenigen, die in die Wüste zogen und lebendig zurückkehrten, berichteten viele seltsame Märchen und Wunderdinge: Geschichten über die neidvollen bösen Schutzgeister, die hier lebten, und von todbringenden Ungeheuern. Al-Hazred verbrachte eine Weile in der Roba al Khaliyeh, in der er den Geistern und Ungeheuern lauschte und die Gegend erforschte. Er behauptete, dass er die vergessene, böse und unter Wanderdünen begrabene Stadt der Säulen, Irem, besucht und merkwürdige Dinge in einem verborgenen Raum erfahren hätte. Sein größter Fund jedoch bestand aus einer namenlosen Wüstenstadt. In ihren Ruinen fand er Dokumente, in denen

★ Rechts: Abdul al-Hazred bei einem seiner Experimente.

Name: ABDUL AL-HAZRED
Alter: Ca. 60
Körpergröße: Unbekannt
Beschreibung: Dunkelhäutiger, bärtiger Araber mit grauem Haar und wildem Gesichtsausdruck
Hauptfähigkeiten: Beherrschung böser Mächte
Merkmale: Wissbegierig, besonderes Interesse an der Aufzeichnung von Funden
Wesen: Böse
Macht: Ziemlich groß
Typ: Ritualmagier
Domäne: Dämonologie, Nekromantik
Ziel: Das Wort der Älteren Götter zu verbreiten
Grundausrüstung: Pergament und Federkiel
Schöpfer: Howard Phillips Lovecraft

die entsetzlichen Geheimnisse und Legenden einer Götter-Rasse, weit älter als die Menschheit, äußerst genau aufgezeichnet waren. Dieses Werk enthielt viel von dem Stoff, der in das *Kitab Al-Azif* einging. Nach seiner Rückkehr aus der *Roba* ließ er sich in Damaskus nieder, wo er den *Al-Azif* niederschrieb. Kurz nach dessen Fertigstellung wurde er, laut seines aus dem 12. Jahrhundert stammenden Biographen Ibn Khallikan, von einem oder mehreren unsichtbaren Ungeheuern am hellichten Tag inmitten des Basargewühls vor den Augen entsetzter Zeugen in der Luft zerfetzt.

WELT: *Kitab Al-Azif* bedeutet im Deutschen ungefähr so viel wie »Das Kreischen der Wüstendämonen«, auch wenn Lovecraft es normalerweise freier übersetzte. Sein Buch könnte geringfügig von dem Werk *Kutu Kitab Katulu*, das sich in der British Library befindet, inspiriert worden sein. In den mythologischen Schilderungen des *Al-Azif* leben zwar die Älteren Götter fernab von allem, doch gibt es darin schockierende Darstellungen Außerirdischer, die für die Erschaffung des Menschen und der Tiere verantwortlich waren. Diese Geschöpfe lebten in riesigen Städten, die heute unter der Eisdecke der Antarktis liegen. Andere Ungeheuer lauern an verborgenen Plätzen der Erde, in einsamen Wäldern und stillen Gebirgsgegenden, normalerweise weitab vom Menschen. Trotzdem ist wirkliche Zauberei äußerst selten und mehr oder weniger unbekannt.

MAGIE: Abdul Al-Hazreds Zauberei widmet sich hauptsächlich dem Anrufen, der Beherrschung und Manipulation der Älteren Götter und ihrer Diener. Die Zaubersprüche, die er im *Kitab al-Azif* aufzeichnet, sind jedoch offensichtlich fehlerhaft, entweder aufgrund seines Geisteszustandes oder ihrer falschen Übersetzung, genauso scheinen auch die meisten Versuche, die im *Necronomicon* beschriebenen Techniken einzusetzen, im Chaos zu enden. Einige Zauberer konnten jedoch die Formeln ausbessern oder modifizieren und damit nicht nur Ungeheuer herbeirufen und beherrschen, sondern auch Tote zum Leben erwecken und in den Körper anderer Menschen schlüpfen, ewige Jugend erringen und lang vergessene Geheimnisse aufspüren. Der bekannteste Auszug aus dem *Necronomicon* ist jedoch kein Zauberspruch, sondern eine Warnung vor dem, was nach Lovecrafts Vermutung irgendwann eintreten wird – »Es ist nicht tot, was in Ewigkeit begraben liegt und im Laufe anderer Ewigkeiten mag selbst der Tod zugrunde gehen.«

★ Rechts: Lovecraft inmitten seiner berühmten Geschöpfe.

Der Zauberlehrling

★ Oben: Noch läuft für den Zauberlehrling alles glatt …

★ Links: … doch hier begeht er seinen ersten Fehler.

Die Original-Erzählung vom Zauberlehrling ist älteren Datums. Auch wenn die Figur durch den achtminütigen Zeichentrickfilm aus Walt Disneys Klassiker *Fantasia* in neuester Zeit wiederholt aufgegriffen wurde, hat sie eine lange Geschichte. Die Originalbesetzung der Disney-Abteilung aus dem Jahr 1940 sollte ein gleichnamiges Orchesterstück von Paul Dukas, das 1897 in Paris Premiere hatte, illustrieren. Dukas' Stück basierte auf *Der Zauberlehrling*, einer Ballade des Dichters Johann Wolfgang von Goethe aus dem Jahr 1796. Die Ballade wiederum hatte als Vorlage *Der Lügenbold*, ein Märchen, überliefert von einem altgriechischen Satiriker, Lukian von Samosata, aus dem Jahr 150 n. Chr. Von Lukian selbst heißt es, er habe sich auf eine Geschichte bezogen, die aus dem alten Ägypten stamme und habe sie sogar noch vordatiert. Das Märchen vom Zauberlehrling hat also eine lange Ahnenreihe.

BIOGRAFIE: Die Original-Geschichte des Zauberlehrlings ist fast genauso einfach wie die Version in *Fantasia*. Ein Dorfjunge begibt sich in das Schloss des ortsansässigen Hexenmeisters und bittet ihn um Rat, wie er im Dorf etwas zu essen bekommen könne. Der Hexenmeister nimmt den Jungen als Lehrling auf und beginnt damit, ihm die Zauberei beizubringen. Erschöpft von der Hausarbeit nutzt der Junge die Abwesenheit des Hexenmeisters und gebraucht einen Zauberspruch, wie er es bei seinem Meister gesehen hat. Mit dieser Zauberei erweckt er einen Besen zum Leben, sodass dieser auch noch Eimer voll Wasser für ihn schleppen kann. Alles funktioniert wie geplant, bis der Lehrling merkt, dass er keine Ahnung hat, wie er den Besen zum Aufhören bringen kann. Das Schloss füllt sich rasch mit Wasser. In seiner Verzweiflung zerbricht der Junge den Besen, stellt daraufhin aber fest, dass nun beide Stücke arbeiten und das Schloss zwei-

Name: DER ZAUBERLEHRLING

Alter: Jugendlicher

Körpergröße: Unbekannt

Beschreibung: Ein Junge, bei Walt Disney verkörpert von Mickey Mouse

Hauptfähigkeiten: Belebung und Manipulation von Gegenständen

Merkmale: Optimistisch, faul, reuevoll

Wesen: Gut

Macht: Gering

Typ: Scharlatan

Domäne: Manipulation

Ziel: Das aufzuhalten, was er herbeigerufen hat

Grundausrüstung: Besen, Eimer

Schöpfer: Geschichte aus alten Zeiten

★ Oben: Ein frühes Porträt des Zauberlehrlings.

mal so schnell wie vorher gefüllt wird. Schließlich, kurz bevor das Unheil überhand nimmt, kehrt der Hexenmeister zurück, bricht den Zauber und bringt alles in Ordnung. Geläutert wendet sich der Junge wieder ordentlich seinen Studien und Pflichten zu und erlernt in der Folgezeit alle Zauberkünste seines Meisters. Dann verwandelt sich der Hexenmeister in eine Kröte und verlässt die Gegend, das Schloss dem neuen Zauberer überlassend, der dem Dorf nun ausreichend viel Nahrung verschaffen kann.

WELT: Der Zauberlehrling ist eine Fabel aus einem Märchenland. So sind der Hexenmeister und seine Zauberkunst Teil dieser Wirklichkeit, stehen jedoch abseits des Alltagslebens. Innerhalb der märchenhaften Rahmenhandlung ist die Zauberei ein Handlungselement, das die Grenzen des Wissens aufzeigen soll. Sie wird nie richtig erforscht oder erklärt; sie ist nur dazu da, die Geschichte schlüssig zu machen und ihr Thema wirkungsvoll umzusetzen. Die Botschaft des Zauberlehrlings ist natürlich, dass Unerfahrenheit Gefahren birgt – nur weil man etwas ein wenig kennt, sollte man es nicht auch gleich anwenden.

MAGIE: Bei dem Zauber, einen Besen zum Leben zu erwecken und ihn wieder zu entzaubern, kann man davon ausgehen, dass entsprechend der Handlung ein einfacher Zauberspruch mit wenigen Gesten und kein bedeutsames Ritual eingesetzt wurde. Der Lehrling weiß mehr über Zauberei als einen Besen in Bewegung zu setzen, doch ist sein Gedächtnis aufgrund der Katastrophe wie gelähmt oder sein Wissen spielt in dieser Situation keine Rolle, da er gar nicht erst versucht, davon Gebrauch zu machen, und so werden wir nie erfahren, woraus es bestehen könnte.

Lobend erwähnt

Es gibt eine Vielzahl von Zauberern verschiedenster Gestalt und jeglichen Formats, bei denen sich ein näherer Blick lohnen würde, doch sprengen sie hier den Rahmen. Zu ihnen gehören Verrückte wie **Tim the Enchanter** aus Monty Pythons *Ritter der Kokosnuss*, der wild mit Feuerbällen um sich wirft und sich von Ort zu Ort teleportiert; **Belgarath**, **Garion** und die Bruderschaft der unsterblichen Hexenmeister aus den *Belgariad*-Büchern von David Eddings; **Will Stanton** und **Merriman Lyon** aus der *The Dark is Rising*-Reihe von Susan Cooper, jüngstes und ältestes Mitglied des Kreises der Alten, die das Licht bei seinem endlosen Kampf, das Dunkle von der Übernahme der Erde abzuhalten, unterstützen; sowie übermächtige Zauberer wie **Pug** und **Macros** aus Raymond Feists *Krondor-Saga*; **Rand al-Thor** und die anderen **Aes Sedai** aus Robert Jordans Reihe *Rad der Zeit*, die dazu bestimmt sind, die Welt zu teilen.

Weitere erwähnenswerte Zauberer sind der **Ningauble von den Sieben Augen & Sheelba vom Augenlosen Gesicht; Shimrod, Spross der Murgen, Rhialto der Wunderbare; Raistlin; Arithon Prinz des Schattens; Sir Adam Sinclair** und viele andere.

★ Unten: John Cleese als Tim the Enchanter in *Ritter der Kokosnuss*.

3 MYTHOLOGISCHE GESTALTEN

Mythologische Gestalten

Bedeutende legendäre Zauberer aus aller Welt

Die Mythen und Legenden alter Zeiten spielen in unserer Welt eine bedeutende Rolle. In der gesamten Menschheitsgeschichte dienten die spannenden Geschichten von mächtigen Helden, Bösewichtern und Göttern dazu, einen Sinn im Leben und in der Welt zu finden. Mythen halten eine Gesellschaft zusammen und helfen dabei, ihr Legitimation und Charakter zu verleihen.

Bedeutende legendäre Zauberer aus aller Welt

Aus diesem Grund stellen Mythen und Legenden immer noch eine Quelle der Inspiration dar, auch wenn sich die moderne Welt von der traditionellen Märchenerzählerei entfernt hat. Heute haben wir dafür Fernsehen, Kino, CDs und Computerspiele. Doch die Menschen, die für unsere Unterhaltung sorgen, beziehen ihre Ideen und Geschichten immer noch aus den alten Mythen und umkleiden sie einfach neu. *Buffy,* die Vampir-Killerin, wäre beispielsweise an einem Lagerfeuer im alten Griechenland, neben Geschichten von Herakles oder Odysseus, bestens aufgehoben.

Weltweit sind Zauberer ein lebendiger Teil der Mythen und Legenden. Helden sind schon per Definition außergewöhnlich – das heißt, sie müssen über außergewöhnliche Kräfte verfügen sowie außergewöhnliche Gegner besiegen. Bisweilen sind Held oder Heldin selbst Zauberer und setzen ihre Künste ein, um zu siegen. Dann gibt es den wohlgesonnenen Zauberer als guten Ratgeber, der dabei hilft, eine Aufgabe zu bewältigen – doch hilft er nie so viel, dass sie zu einfach wäre. Manchmal ist auch der Böse ein Zauberer und zaubert, um für alle möglichen Probleme zu sorgen. Oft bleibt der Zauberer in Legenden eine Figur ohne Namen, um den Helden besser hervorzuheben und selbst eben nur »ein Zauberer« zu sein. Einige mythologische Zauberer sind jedoch weit mehr als nur das. Schon ihr Name besitzt Kraft und schallt über die Jahrhunderte bis zu uns herüber. Der größte aller Zauberer, der berühmteste und trotzdem am wenigsten makellose, war Merlin.

✶ Links: Merlin und Artus finden Excalibur.

✶ Unten: Auch Buffy, dargestellt von Sarah Michelle Gellar, hat mythische Ursprünge.

Merlin

Die Mythen und Legenden von König Artus und den Rittern der Tafelrunde sind ein lebendiger, farbenfroher Reigen aus Wundertaten und Verrat. Die Erzählungen spielen im goldenen Zeitalter der Regentschaft Artus' über Britannien und sind ein faszinierendes Zeitgemälde. Einige von ihnen stammen aus frühen keltischen Überlieferungen über Camelot aus einer Zeit vor über 1 500 Jahren; andere wurden im Zuge der Christianisierung Englands ergänzt. Erweitert wurden sie im frühen Mittelalter durch französische und deutsche Erzählungen und schließlich wurden sie zu einem großartigen Versepos, dem *Morte D'Artur* aus der Feder des Dichters Mallory aus dem 15. Jahrhundert, verwoben. Merlin ist als Artus' Ratgeber, der ihm dabei half Camelot zu entwerfen und zu errichten, eine Hauptperson in den Mythen.

BIOGRAFIE: Bei der Vergewaltigung einer Nonne durch einen Teufel wurde der berühmteste mythologische Magier, Merlin (im Original Myrrdin), gezeugt. Voller Furcht, das Kind möge nach seinem bösen Vater geraten, tauchte ihn seine Mutter kurz nach seiner Geburt in eine heilige Quelle. Auch wenn diese weise Vorsichtsmaßnahme in ihm eine tiefe Liebe zur Welt der Sterblichen einpflanzte sowie den Wunsch, den Menschen so viel wie möglich zu helfen, so blieben ihm auch einige väterliche Eigenschaften. Dazu gehörten die Fähigkeit zur Verwandlung; eine übermächtige und ihn umher treibende Rastlosigkeit, die ihn zum Wanderer machte; die Meisterschaft magischer Künste und ein unersättlicher Hunger nach Sexualität.

Aufgezogen wurde er von der Hexe Nimue (manchmal Niniane oder Viviane), die wie er selbst auch eine Verwandlungszauberin war. Sie verliebte sich in ihn, als er erwachsen wurde. Merlin jedoch wies sie ab und zog hinaus in die Welt der Sterblichen. Der erwachsene Merlin erschien die meiste Zeit als weiser alter Mann. In dieser Verkleidung wurde er zum Zauberratgeber für eine ganze Reihe früherer

✶ Ganz rechts: Merlin wird von Nimue verführt ...

✶ Unten: ... und wird wohl auf sie reinfallen.

✶ Rechts: Ein Aufkleber, der den ruhenden Zauberer darstellt.

Könige und Kriegsherren, wie dem Großen König Vortigern und Uther Pendragon.

Noch als Kind wurde Merlin von Soldaten aufgegriffen, die im Dienste Vortigerns standen. Der König war damit beschäftigt, in einer abschüssigen Berggegend von Wales eine Burg zu errichten, doch der Bau scheiterte immer wieder. Merlin wurde eingekerkert und mit dem Tode bedroht, wenn er dem König nicht die Ursache dessen verriete. Pflichtbewusst erklärte er Vortigern, worin der Fehler bestand – der Fels hatte eine Abneigung gegen das Schloss und sie galt es zu überwinden. Dann prophezeite er noch Vortigerns Niedergang, zu dem es tatsächlich kommen sollte. Im Anschluss daran war Merlin als Ratgeber des Ambrosius Aurelianus verantwortlich für die Errichtung von Stonehenge zur Feier von Ambrosius Herrschaft.

Später verlangte Uther Pendragon nach Merlins übernatürlicher Hilfe, um höchster Herrscher Britanniens zu werden. Merlin lehnte ab und erklärte ihm, dass seine Ziele fehlschlagen und er seine eigene Linie dem Untergang entgegen führen würde. Uther hörte nicht auf ihn und verlangte nach dem Verwandlungszauber. Merlin verwandelte Uther in die Gestalt eines Feindes, in die Gestalt des Königs Gorlois von Tinta-

gel, Herrscher von Cornwall. Betört von Gorlois Gattin, Königin Ygern, wollte Uthern, der ja wie ihr Mann aussah, sofort das Bett mit ihr teilen.

Ygern wurde schwanger und ihr Sohn, der junge Artus, wurde im Verborgenen von Merlin aufgezogen. Die Lehrzeit bei Merlin ermöglichte es Artus, Uthers Schwert aus dem Stein herauszuziehen, in den es sein Vater versenkt hatte, und später, als König, Britannien zu vereinigen, indem er gegen die Römer in den Krieg zog. Als Artus' Schwert im Kampf mit einem Riesen zerbrach, führte Merlin ihn zur Herrin des Sees. Aus dem Wasser reckte sich eine Hand mit dem Zauber-

★ Rechts: Artus wird das Zauberschwert *Excalibur* übergeben.

★ Ganz rechts: Nicol Williamson als großartiger Merlin in *Excalibur*.

schwert Excalibur, dessen Spitze nie abstumpfte und dessen Schneide Blut zum Versiegen bringen konnte. Artus wurde das Schwert für die Zeit seiner Herrschaft übergeben.

Zu anderen Zeiten jedoch gewann Merlins dämonisches Naturell die Herrschaft über ihn. So verwandelte er sich gelegentlich in einen sehr hübschen jungen Mann, der durch die Lande zog und dabei jedes Mädchen, das ihm über den Weg lief, verführte. Dann wieder verschwand er ganz aus der Welt der Sterblichen. Besonders liebte er es, sich als Flusslauf die Zeit zu vertreiben; als Windhauch; als Wolke am Himmel oder einfach nur als Gedanke, der wispernd durch die Welt wehte.

Sein lustvolles Naturell schließlich sollte ihn dem Untergang weihen. Nimue, innerlich zerrissen durch Merlins Abweisung, entschloss sich zur Rache. Sie verwandelte sich in jede erdenkliche Gestalt, um ihn in die Falle zu locken. Doch jedes Mal war er auf der Hut und schlau genug, ihr zu entwischen. Schließlich verwandelte sie sich in eine schöne Frau und erlaubte ihm, sie zu verführen. Von seiner Lust verblendet, erkannte Merlin nicht ihr wahres Wesen und liebte sie. Im Augenblick der Ekstase verwandelte sie sich in eine Bernsteinkugel und umschlang ihn, der bar jeder Abwehr und völlig hingegeben darnieder lag. Einmal gefangen, verzauberte sie ihn in eine Eiche. So sind sie noch heute eng miteinander verbunden.

WELT: Merlin ist vor allem für seine Rolle in den Artus-Mythen bekannt. Sie alle spielen in der Mitte des ersten vorchristlichen Jahrtausends, als sich die Herrschaft der Römer über Britannien dem Ende neigte und das Land in zahlreiche kleinere Königreiche unter der Herrschaft einzelner Kriegsherren zerfiel. Artus einte das Land, vertrieb die Römer und verschiedene Wikinger-Führer und vereinte alle Gebiete unter seiner Herrschaft. Unter ihm wurde eine Zeit der Gerechtigkeit, des Gesetzes und der Ehrenhaftigkeit im ganzen Land eingeleitet. Seine Herrschaft von Camelot aus war ein goldenes Zeitalter. Seine Frau Guinevere, die mit Lancelot, seinem besten Ritter, eine Affäre hatte, verriet Artus jedoch und die Unschuld seiner Herrschaft hatte ein Ende. Es folgte die Suche nach dem Heiligen Gral und der Krieg mit Morgana, Artus' Halbschwester, und ihrem Sohn Mordred. Schließlich wurde Artus ins Feenreich von Avalon gebracht, wo er so lange ruhen sollte, bis ihn die Welt wieder brauchte. In dieser Zeit kam es zu vielen übernatürlichen Vorfällen; Feen, Hexen, Verwandlungszauberer und Ungeheuer hausten überall im Land. Abergläubische Rituale schützten das gemeine Volk vor den magischen Bedrohungen, die überall lauerten. Merlin stand als halber Mensch und Hexenmeister zwischen der normalen Welt und der Feenwelt und beschützte die Menschen.

MAGIE: Merlins Magie wandelte sich im Lauf der Jahre mit wechselnden Erzählern. Einige sprachen

Merlin die Verwendung von Zaubersprüchen zu, andere behaupteten, dass seine Kraft nur aus seinem Geist stamme. Die berühmteste moderne Verkörperung des Merlin war Nicol Williamsons erschreckendes Porträt in dem 1981 entstandenen Film *Excalibur*. Hier war ein starker, zurückhaltender Mann mit eiserner Kappe zu sehen, der vom Aussehen und seinen Vorlieben her wie ein Wesen aus einer anderen Welt wirkte und nur wenig mit den Sterblichen um sich herum gemein hatte. Welche Kräfte man Merlin auch zugesprochen haben mag, immer konnte er hellsehen, sich verwandeln, mit Geistern in Kontakt treten und die Elemente um sich herum beherrschen.

Name: MERLIN

Alter: Unbekannt

Körpergröße: Unterschiedlich

Beschreibung: Als Zauberer erscheint er als älterer Mann mit langem weißem Haar und Bart, mit einem Stab in der Hand

Hauptfähigkeiten: Wahrsagen, Verwandlungsfähigkeit

Merkmale: Hilfreich, sympathisch, ruhelos, getrieben, lustvoll

Wesen: Gut

Macht: Sehr groß

Typ: Größtenteils Hexenmeister

Domäne: Elementarier mit besonderem Respekt vor der Natur

Ziel: Der Menschheit zu helfen

Grundausrüstung: Keine besondere, doch er persönlich erbaute die Tafelrunde, ließ Stonehenge errichten und führte Artus zu Excalibur

Taliesin der Barde

Im walisischen Volksglauben hält sich die Tradition von Hexenmeister-Barden. Taliesin war der größte von allen, gesegnet mit aller Weisheit der Welt und strahlend schön. Die Legenden um Taliesin entstanden angeblich zu Ehren eines Mannes mit diesem Namen, der im sechsten Jahrhundert n. Chr. Barde am Hof der walisischen Könige war und in einer nach ihm benannten Stadt begraben liegt.

BIOGRAFIE: Ceridwen war eine Hexe. Mit ihrem Mann Tegid Voel lebte sie im Tegid See in Penllyn. Sie hatten drei Kinder. Ihr Ältester, Morfran ab Tegid war normal. Creirwy war das schönste Mädchen der ganzen Welt. Ihr drittes Kind hingegen, ein Sohn namens Afagddu war so häßlich wie seine Schwester liebreizend. Ceridwen bangte um Afagddu und dachte, dass er – so benachteiligt – nie Anerkennung in der Welt fände. So entschloss sie sich, ihm die Gabe des Wissens und der Weisheit zu verleihen. Sie begann, einen Trank zu brauen, der alles Wissen, Inspiration und Magie der Welt enthalten sollte. Diesen wollte sie ihrem Sohn verabreichen. Dazu musste der Kessel mit dem Trank ohne Unterlass ein Jahr und einen Tag lang umgerührt und am Kochen gehalten werden, bis nur drei Tropfen übrig blieben, die alle Weisheit der Welt enthielten.

Gwion Bach war Sohn des Gwreang von Llanfair, geboren in Caereinion in Powys. Ceridwen nahm Gwion gefangen und zwang ihn zum Umrühren des Kessels. Sie fing auch einen Blinden namens Morda und setzte ihn neben das Feuer, um Holz nachzulegen. Beide bedrohte sie mit einem entsetzlichen Los, wenn der Kessel aufhören sollte zu kochen. Während sich beide abmühten, studierte sie die Werke alter Astronomen und ging zu den rechten Sternenzeiten hinaus, um zauberkräftige Kräuter zu sammeln und dem Trank beizumischen.

Der Kessel kochte und kochte, bis eines Tages, gegen Jahresende, Gwion etwas unachtsam beim Rühren war. Ceridwen sammelte gerade Kräuter und bereitete diese mit Zaubereien vor, da spritzten drei Tropfen des heißen Zaubertranks aus dem Kessel auf Gwions Finger. Er steckte seinen wehen Finger in den Mund. Sobald die Tropfen seine Lippen berührten, drangen die Kräfte des Tranks in ihn ein und plötzlich konnte er in die Zukunft sehen. Als er erkannte, dass die Hexe ihn und Morda nach Ablauf des Jahres töten wollte und ihm plötzlich Ceridwens große Macht klar wurde, entfloh Gwion in seine alte Heimat Powys. In der Zwischenzeit zerbrach der Kessel in zwei Hälften, da sein Inhalt ohne die drei Tropfen giftig geworden war.

Als Ceridwen an diesem Tag mit ihren Kräutern zurückkehrte, fand sie den zerbrochenen Kessel. Sie war außer sich vor Wut, waren doch ihre Hoffnungen zerschlagen und die Arbeit eines Jahres vernichtet. Sie

✦ Rechts: Ceridwen mit ihrem Hexenkessel.

✦ Ganz rechts: Taliesin, der Barde beim Spiel.

ergriff einen Holzscheit und schlug Morda damit so hart auf den Kopf, dass er ein Auge verlor. Er wehrte sich und sagte, dass es nicht recht sei ihn zu verletzen, da er keine Schuld trug. Dann sah Ceridwen die Wahrheit: Gwion hatte aus ihrem Werk den Nutzen gezogen. Verärgert nahm sie seine Verfolgung auf.

Zuerst lief sie dem Jungen hinterher, aber als er ihrer gewahr wurde, verwandelte er sich in einen Hasen und sprang davon. Daraufhin verwandelte sie sich in einen Windhund und nahm seine Spur auf. Bevor sie ihn jedoch packen konnte, stürzte er sich in einen Fluss und wurde zu einem Fisch. Um ihn zu verfolgen verwandelte sie sich in einen Otter und er musste sich in einen Vogel verwandeln, um ihren Zähnen zu entkommen. Jetzt verzauberte sie sich in einen Falken, schoss ihm hinterher und brachte ihn in arge Bedrängnis. Schließlich sah Gwion, der um sein Leben bangte, einen Haufen Stroh, tauchte hinein und verwandelte sich in ein Weizenkorn. Doch Ceridwen entdeckte seine List und wurde zu einer schwarzen Henne. Sie scharrte im Stroh, bis sie das Korn fand und pickte es auf.

Nachdem sie Gwion verspeist hatte, trug sie ihn als Korn neun Monate im Leib und schenkte schließlich einem Kind von strahlender Schönheit das Leben: Taliesin. Er war so schön, dass sie es trotz allem nicht über sich brachte, ihn zu töten. Stattdessen steckte sie ihn in einen Lederbeutel, warf ihn am 29. April in die Flut und überließ es den Göttern, was mit ihm geschehen möge.

Wie das Schicksal es wollte, trieb er in die Lachsreuse von König Gwyddno Garanhir. Diese leerte der König regelmäßig vor dem 1. Mai. Sein Sohn, Elphin, im ganzen Königreich für sein Ungeschick bekannt, leerte sie in diesem Jahr. Zu Elphins Entsetzen befand sich in der Reuse, in der normalerweise Fisch im Wert von vielen hundert Pfund schwamm, nur ein Lederbeutel. Doch wendete sich für ihn alles zum Guten, als er den Beutel öffnete und Taliesin ans Licht beförderte. Das Kind tröstete ihn mit einem Gedicht, das Elphin Glück und Ehren weissagte, und damit war es dem Königssohn mehr wert als 300 Lachse.

Als er heranwuchs, wurde Taliesin zum größten Dichter und Barden, den Wales je gesehen hatte. Er besaß die Gaben der Wahrsagekunst und des Wissens, kannte sich in den Wissenschaften aus und konnte mit seinen Liedern und seiner Musik Wunder vollbringen. Mit einem Wort: er konnte Stürme besänftigen, Menschen friedlich stimmen, ihnen Liebe oder Tapferkeit eingeben oder sie in den Wahnsinn treiben, das Wetter beherrschen, Pflanzen und Tiere fruchtbar werden lassen, Schlösser öffnen, durch Zeit und Raum reisen und sich selbst unsichtbar machen. Zu seinen Großtaten gehörten die Besuche bei biblischen Gestalten, wie Gott im Himmel, Noah auf der Arche, Jonas im Walfisch und Satan in der Hölle. Außerdem erlebte er, wie Romulus und Remus das Alte Rom errichteten, und er führte König Artus in die Unterwelt von Annwn, um den Kessel des Reichtums zu stehlen, der Wohlstand und Unsterblichkeit verleihen konnte.

Name: TALIESIN

Alter: Unterschiedlich

Körpergröße: 183 cm

Beschreibung: Ein außergewöhnlich schöner junger Mann

Hauptfähigkeiten: Evokation, Weissagung, Verwandlung

Merkmale: Kreativ, musikalisch, gerecht

Wesen: Gut

Macht: Groß

Typ: Zauberer, Barde

Domäne: Allgemein

Ziel: Werke der Schönheit zu erschaffen und den Schwachen zu helfen

Grundausrüstung: Seine Harfe

WELT: Die Mythen und Legenden der Kelten wurden durch die Christen größtenteils ausgelöscht. Für jene waren die keltischen Mythen nichts anderes als Teufelsanbetung und sie taten ihr Mögliches, um die Märchen und Legenden in ihrem Sinne umzuwandeln. Die Verfolgung der Kelten in ganz Europa durch die Römer tat ein Übriges dazu, dass nur Bruchstücke einer ehemals reichen und machtvollen mythologischen Tradition überlebten. Annwn, die Unterwelt, spielte in den meisten Geschichten eine wichtige Rolle. Feen, Dämonen und Kobolde lebten in dieser unsichtbaren Welt und verwandelten sich, wenn sie unbefugt die Welt der Sterblichen betraten. Für die Menschen jener Zeit lauerten auch, jenseits des normalen Lebens eine Vielzahl von Bedrohungen, und abergläubische Rituale waren das Einzige, womit die bösen Geister in Schach gehalten werden konnten. Vielleicht zeigte Taliesin mit seinem Zauber und seinen Liedern die Macht des Wissens.

MAGIE: Taliesins Kraft lag vor allem in seiner Musik. Durch seine Lieder oder sein Spiel konnte er die meisten seiner Wunder vollbringen, ebenso wie er seine Prophezeiungen immer in Versform vortrug und sang. Außergewöhnlich war, dass er sich spontan verwandeln konnte und keinen besonderen Zauber benötigte.

Der Gelbe Kaiser

Der ursprüngliche Schöpfer des Daoismus in China, der Gelbe Kaiser, wird heute noch als eine der wichtigsten Kräfte der Zivilisation des Landes verehrt. Die Mächte von Himmel und Hölle spielen in der traditionellen chinesischen Mythologie eine wichtige Rolle, wo jedem Sein, ob sterblich oder unsterblich, eine bestimmte Aufgabe zukommt.

BIOGRAFIE: Der Gelbe Kaiser, Huang-Ti, herrschte vor etwa 5000 Jahren über China. Er war der erste der fünf mythologischen Kaiser, einer Dynastie weiser Herrscherzauberer, die China aus der Barbarei und dem Chaos hinaus in das geregelte Leben der Zivilisation führten. Wie auch seine später geborenen Brüder, hatte der Gelbe Kaiser die Kraft, sich zu verwandeln und er lebte jenseits der normalen Zeit, sodass er wesentlich langsamer als die meisten Sterblichen alterte.

Er war schon im Augenblick seiner Geburt weise. Er wurde mit großer Zauberkraft geboren und beherrschte alle Sprachen der Welt; genauso wie er alles wusste, was den Völkern der Erde zu jener Zeit bekannt war. Er widmete sich der Verbreitung des Wissens und der Erleuchtung und brachte dem chinesischen Volk die Jagd, die Fischerei, den Acker- und Straßenbau bei. Dann ging er dazu über, mithilfe seines Wissens eine Vielzahl an Neuerungen zu erfinden, wie Rüstungen, Waffen, Schiffe, Münzen, das Gesetz und die Regierung. In seiner knapp bemessenen Freizeit zerstreute er sich mit Kompositionen, Töpferei, Malerei, Dichtung und anderen Künsten. Seine Gattin entdeckte in der Zwischenzeit, wie man Seide herstellte, und sein Hauptratgeber entwickelte die Schrift.

Nicht zuletzt befand sich der Gelbe Kaiser im häufigen Zwiegespräch mit den Göttern. Sie erlaubten ihm, den heiligen Berg Tai Shan zu erklimmen, um mit ihnen durch Gebete und Opfer zu sprechen. Er reiste in einer Elfenbeinkutsche an. Sein Kutscher war ein grüner Kranich mit menschlichem Gesicht; sechs

★ Links: Der Gelbe Kaiser, der Schöpfer des Daoismus.

Drachen und ein Elefant bildeten das Gespann. Der Kutsche folgte ein Zug von Phönixen, Schlangen, Tigern und Wölfen. Als er auf dem Gipfel ankam, nahm er in dessen Mitte Platz und verwandelte sich, sodass er vier Gesichter hatte, mit denen er auf jedes Viertel der Erde blicken konnte.

Das goldene Zeitalter des Gelben Kaisers war friedvoll und fruchtbar – abgesehen von einer kurzen Periode, in der sich die Götter des Regens und des Windes gegen ihn auflehnten. Er selbst verbrachte die Zeit bei immerwährenden Festlichkeiten. Über 15 Generationen regierte er China weise. Schließlich jedoch forderten die ständigen Festivitäten ihren Tribut und er wurde dick und träge. Deshalb ließ er ab von allem Luxus und zog fastend und betend in eine mit Gras bedeckte Hütte auf dem Palastgebiet.

Schließlich träumte er von einem ruhevollen Paradies, dessen Bewohner keinen Schmerz, keine Trauer

★ Rechts: Ein Affe stiehlt im Himmel den Pfirsich der Unsterblichkeit.

★ Ganz rechts: Die Vertreibung eines Dämons.

und keine Sehnsucht litten oder Leidenschaften zu beklagen hatten, sondern nur im reinen Glanz der spirituellen Erleuchtung lebten. Als er erwachte, verkündete er, dass er Dao gesehen hätte, »den Weg«. Seine Regierung überdauerte noch eine Generation, in welcher Zeit er die acht Pfade des Daoismus entwarf und das Heilen mit Qi Gong und Akupunktur erfand. Schließlich, nach vollbrachtem Lebenswerk, wurde der Gelbe Kaiser mit einer Himmelfahrt geehrt und seine Nachfolger trauerten 200 Jahre um ihn.

Welt: In seinen frühesten Anfängen war das Chinesische Reich eine fast unstrukturierte Mischung aus kleinen Grundbesitzern und Nomadenstämmen. Es gab so gut wie keine Technik und die Welt sah man als bevölkert von allerlei Göttern und Geistern. Der Gelbe Kaiser brachte technologischen Fortschritt und

Name: HUANG-TI, DER GELBE KAISER

Alter: 400 Jahre

Körpergröße: 170 cm

Beschreibung: Ein asketischer chinesischer Adliger mittleren Alters in gelben Gewändern

Hauptfähigkeiten: Beschwörung, Evokation

Merkmale: Geordnet, weise, erfinderisch

Wesen: Gut

Macht: Sehr groß

Typ: Ritualmagier

Domäne: Dämonologie

Ziel: Das Reich zu ordnen

Grundausrüstung: Magischer Wagen, gelbe Gewänder

eine stabile Regierungsstruktur in das Reich. In den Köpfen der Menschen war das weit magischer als eine seiner Hexenmeisterkünste. Er gilt bis heute als einer der größten Kulturhelden des Daoismus.

MAGIE: Viel von der Kraft des Gelben Kaisers rührte aus seiner rechtmäßigen Autorität als eingesetzter Herr über das Volk der Erde. Vieles von seiner Zauberci lief auf das Recht hinaus, Geister und göttliche Wesen zu befehligen. Zu einigen Gelegenheiten machte er Gebrauch von den Ritualen aus dem chinesischen Volksgut, wozu Zaubersprüche gehörten; komplizierte Gesten; auf Pergament verzeichnete Formeln; verbrannte Kräuter; Glöckchen und Gongs sowie andere Gegenstände.

✶ Rechts: Kirkes Mutter, Hekate, Göttin der schwarzen Magie.

Kirke (Circe)

Götter und Göttinnen gehörten ganz selbstverständlich ins Alltagsleben der alten Griechen. Sie mischten sich ständig in die Angelegenheiten der Sterblichen, hinterließen Omen und Warnungen, belegten Menschen mit Zauber, schliefen mit ihnen, schickten sie auf Schatzsuche und manipulierten sie. Halbgötter und Bösewichter, zugleich Menschen und Ungeheuer, fand man im ganzen Land. In vielerlei Hinsicht war die Welt der Götter für jeden das, was die Welt der Erwachsenen für kleine Kinder ist – allgegenwärtig, doch irgendwie gehörte man nicht richtig dazu. Diese Nähe zwischen Göttern und Menschen machte sie sehr vertraut miteinander. Dies ist vielleicht der Grund dafür, dass sie sogar heute, 2000 Jahre später, ein lebendiger Teil der Kultur sind. Dies kann man auch an Zeugnissen wie *Herakles: Die legendären Reisen* und *Xena: Kriegerprinzessin* sehen.

Biografie: Kirke ist eine der bekanntesten Zauberinnen der griechischen Mythologie. Sie ist die Tochter des Sonnengottes und der Hekate, Göttin der Schwarzen Magie, die sich in eine Meeresnymphe verwandelte um den Sonnengott zu verführen. Kirke vereinte in sich die überirdische Schönheit und Anmut ihres Vaters und die mächtigen Zauberkräfte – ein ziemlich gefährlicher Wesenszug – ihrer Mutter. Ihre doppelte Natur bereitete ihr Schwierigkeiten. Einerseits ersehnte sie ein normales Leben, fühlte sich aber gleichzeitig aus geringfügigen Anlässen zur wütenden Zurschaustellung ihrer Zauberkraft gezwungen. Wie viele Kinder von Göttern verspürte sie einen großen Hunger nach Sex mit Sterblichen.

Kirke verliebte sich in einen italienischen Prinzen namens Picus, doch erhörte er sie nicht. Als ihr klar wurde, dass sie ihn nicht besitzen konnte, verwandelte sie ihn in einen Specht. Dann wandte sie sich einem kleineren Seegott namens Glaucus zu, doch musste sie feststellten, dass er seiner Halbschwester, der liebreizenden Seenymphe Scylla, den Vorzug gab. Wütend

verwandelte Kirke Scylla in ein Seeungeheuer: Von der Hüfte an aufwärts in Menschengestalt, unterhalb der Hüfte jedoch war sie mit 12 Hundepfoten und sechs knurrenden Köpfen mit Fangzähnen auf langen schlangenartigen Hälsen ausgestattet. Schließlich hei-

ratete Kirke sogar den Prinzen von Kolchis, hielt jedoch seine Vorstellung, ihre Kräfte aufzugeben, um in seinem Harem zu leben, für abwegig. Stattdessen tötete sie ihn bei dem Versuch, seinen Thron zu besteigen. Ihr Vater, der Sonnengott, rettete sie vor den wütenden Kolchern und schenkte ihr die Insel Aia, um sie zukünftig vor Ärgernissen zu bewahren.

Kirke verbrachte ihre Zeit auf Aia in ihrem Palast an einem Webstuhl und sang ein Lied – ein Lied, so schön, dass ihm niemand widerstehen konnte. Wenn

Name: Kirke (Circe)

Alter: Unsterblich

Körpergröße: 162 cm

Beschreibung: Eine schöne junge Frau mit langem, goldenem Haar

Hauptfähigkeiten: Verwandlung

Merkmale: Leidenschaftlich, reizbar, unvernünftig

Wesen: Selbstbezogen

Macht: Groß

Typ: Ritualmagierin

Domäne: Allgemein, abgesehen von ihrer Vorliebe für Verwandlungen

Ziel: Einen gleichberechtigten Partner zu finden

Grundausrüstung: Zauberstab, Webstuhl, Insel

★ Rechts: Kirke in ihrem Garten.

Seeleute an ihrer Insel ankerten, führte ihr Lied sie zu ihrem Palast. Wenn ein »Gast« ankam richtete sie für ihn ein großartiges Fest aus, schlief mit ihm, verwandelte ihn dann in ein Schwein und entließ ihn in ihren Pferch. Auch Odysseus und seine Mannschaft landete auf Aia, doch Hermes, der Götterbote, erschien dem Helden, warnte ihn vor der Gefahr und gab ihm das Kraut Moly zu seinem Schutz. Als sich Odysseus von Hermes verabschiedet hatte und sich auf den Weg zum Palast machte, waren alle seine Männer bereits verwandelt. Kirke ließ ihm die üblichen Wohltaten zukommen – sie hieß ihn willkommen, bereitete ihm ein Festessen, schlief mit ihm und versuchte dann, ihn in ein Schwein zu verwandeln. Das Kraut Moly jedoch brachte ihre Zauberkraft zum Erlöschen und sie erkannte, dass Odysseus unter dem Schutz der Götter stand.

Kirke entschloss sich, sich zu beugen und erlöste alle gefangenen Seeleute von dem Zauber. Dann feierten sie ein richtiges Fest für alle – und ohne die Verwandlung in Schweine – das nur eine Nacht zu dauern schien, sich in Wirklichkeit jedoch über Monate erstreckte. Odysseus und seine befreiten Mannen blieben sieben Jahre lang auf Kirkes Insel, währenddessen gebar sie ihm drei Söhne. Nach einer ganzen Reihe von Ereignissen kam ein anderer Sohn des Odysseus, Telemachos, auf Aia an. Kirke heiratete ihn und die Götter verliehen ihm Unsterblichkeit, damit er sich mit ihr messen konnte.

Welt: Die griechischen Mythen spielen sich fast alle in einem magischen Umfeld ab. Die Grenze zwischen Göttern und Menschen ist hauchdünn und fast jede Geschichte hat etwas Übernatürliches.

Magie: Kirkes größte Kraft bestand darin, ihre Opfer in andere Wesen zu verwandeln. Normalerweise gebrauchte sie zu diesem Zweck einen Zauberstab, mit dem sie das Opfer berührte. Sie kannte außerdem viele andere Zauber und Rituale, ein Erbe ihrer Mutter. Sie machte jedoch – zumindest in den Heldensagen – nur selten Gebrauch davon.

Lobend erwähnt

Viele der mythologischen Zauberer, gute wie böse, bleiben anonym oder im Hintergrund und treiben von dort aus die Handlung des Mythos weiter. In den Mythen der Welt gibt es viele wichtige Zauberer, die trotzdem Anerkennung verdienen.

Odin, Stammvater der Nordischen Mythen, war ein Gott, verdient jedoch Respekt dafür, dass er ein Auge opferte und zehn Nächte gekreuzigt am Weltenbaum verbrachte, um die Macht der Runen zu erlernen und ihren machtvollen Zauber zu erlangen.

Baba Jaga war eine böse russische Zauberin, die in einer Hütte lebte, die auf großen Hühnerkrallen herumlief und von einem Zaun aus Schädeln und anderen Knochen umgeben war. Die Augenhöhlen der Schädel leuchteten im Dunklen. Sie ritt in einem riesigen Mörser übers Land und benutzte dabei ihren Besen als Ruder. Ihre Zähne waren Messer und sie konnte Opfer mit ihrem Blick versteinern.

Dido, die Hexenmeisterin, reiste an die Küste Nordafrikas und gründete dort Karthago. **Cormac MacAirt**, König von Irland, wurde von Wölfen aufgezogen und besaß einen magischen Becher, der wahrsagen konnte.

Faust, ein Zauberer aus dem Mittelalter, verkaufte dem Teufel seine Seele im Tausch für alles Wissen der Welt.

Kao Guojiu, ein Weiser, erhielt die Erleuchtung Daos und wurde einer der legendären Acht Unsterblichen.

Enumclaw und **Kapoonis** entstammen den Mythen von der nordwestamerikanischen Küste. Sie waren Zwillinge, die die Geister des Feuers und des Felsens zähmten und über mächtige Kräfte verfügten. Um den Rest der Welt vor ihnen zu bewahren, fing Vater Himmel sie von der Erde weg und machte sie zu Göttern, zu Donner und Blitz.

Andere Persönlichkeiten – wie der ehrgeizige und mit Zauberei begabte Großwesir aus der arabischen Märchensammlung; der böse Zauberer aus den Geschichten des Barons von Münchhausen und die Zombiemeister aus dem chinesischen Volksgut – gehören selbstverständlich ebenso in den mythologischen Reigen. In jeder Mythologie gibt es zahllose Zauberer und Hexenmeister, die in einer oder in zwei Geschichten auftauchen und wieder verschwinden; ihre Beschreibung würde hier leider den Rahmen sprengen.

★ Unten: Baba Jaga auf einem Ritt durch den Wald.

4 HISTORISCH VERBÜRGTE ZAUBERER

Historisch verbürgte Zauberer

Wirkliche Menschen und geheime Gesellschaften

Im Lauf der Jahrhunderte hat die Verfolgung von Zauberern überall in der Welt Leben vernichtet. Nur aufgrund der Unterstellung geheimnisvoller oder übersinnlicher Kräfte wurden Menschen gefoltert und getötet. Schlachten wurden deswegen ausgefochten und Schicksale zerstört. Die Grundlage all dessen ist die Furcht des Menschen vor allem, was sich seiner Erkenntnisfähigkeit entzieht. Wer über unheimliche Fähigkeiten oder geheimes Wissen verfügt, gilt als gefährlich. Die Angst vor unerklärbaren Kräften taucht in der menschlichen Geschichte immer wieder auf. Aberglaube, Bigotterie, Neid und Gier – sie alle machten Gemeinschaften und Menschen, die für ihre angebliche Zauberei bekannt waren, das Leben mehr als schwer. Sollten sich unter uns echte Zauberer befinden, so sind sie gut versteckt – bedenkt man, wie ihre Verwandten in der Vergangenheit behandelt wurden, so ist auch verständlich, warum.

John Dee

Der berühmteste Zauberer des englischen Mittelalters war Alchemist und Hofastrologe der Tudors: Dr. John Dee. Seinen Zenit erreichte er zur Regierungszeit der Königin Elisabeths I. In ganz Europa war er als Wissenschaftler, Gelehrter und Hexenmeister bekannt. Für einige Zeit verfügte er über beachtlichen Wohlstand und Einfluss, fiel jedoch zuletzt in Ungnade und starb fast ohne einen Penny. Er hinterließ ein bis heute bedeutsames Vermächtnis philosophischer, magischer, astrologischer und chemischer Schriften und Übersetzungen.

Biografie: Geboren 1527, besuchte John Dee die Chantry School in Chelmsford, danach die Universität von Cambridge und später das St. John's College, bevor er zum Trinity College wechselte. 1547 unternahm er, zwanzigjährig, seine erste Reise auf den Kontinent und verbrachte einige Zeit an diversen holländischen Universitäten, wo er mit verschiedenen Gelehrten über allerlei Themen disputierte. Im Jahr darauf reiste er an die Universität von Louvain in Belgien, wo er die Doktorwürde erwarb.

1551 wurde Dee König Eduard VI., dem er bereits zwei seiner Bücher gewidmet hatte, bei Hofe vorgestellt. 1553 kehrte er anlässlich der Thronbesteigung durch Maria die Blutige an den Hof zurück. Bekannt als Astrologe, sollte er das Geburtshoroskop der Königin erstellen. Er errechnete ebenfalls das Horoskop der damals noch jungen Prinzessin Elisabeth.

Kurz danach begann er mit magischen Experimenten. Das brachte ihm jedoch rasch Ärger ein und er wurde aufgrund der Aussage eines Mannes namens George Ferrys verhaftet. Er bezichtigte Dee, seine Kinder verflucht, das eine getötet und das andere geblendet zu haben. Andere Gerüchte unterstellten Dee, die Königin zu verfluchen. Sein Haus wurde durchsucht und er wurde vor das Ministerialgericht gezerrt, jedoch in allen Punkten freigesprochen. Astrologie war für alle Gesellschaftsschichten jener Zeit besonders faszinierend und wer Horoskope berechnen konnte, stand hoch im Kurs. Dees Ruf machte ihn zu einem berühmten Astrologen und er wurde zum ständigen Gast bei Hof.

Als Elisabeth I. den Thron bestieg, sollte Dee einen günstigen Tag für ihre Krönung berechnen, die schließlich auch kurze Zeit später stattfand. Elisabeth bestellte ihn in ihr Gefolge und versprach ihm die Leitung des Krankenhauses St. Catherine. 1570 zog Dee mit seiner Bibliothek und seinem Laboratorium in den an der Themse gelegenen Londoner Bezirk Mortlake. Gelegentlich kam die Königin zur Begutachtung seiner neuesten Wundertaten oder Erfindungen vorbei, und es verlautete, sie wolle Dee unbedingt zum offiziellen Hofastrologen bestellen. Zu jener Zeit beschäftigte er sich mit Alchemie. Seine Suche nach dem Stein der Weisen mag ein Auslöser für das starke Interesse der Königin an ihm gewesen sein. Angeblich erörterte er mit ihr in Westminster die Verwandlung von Metallen.

1581 begann Dee mit der eigentlichen Zauberei. Er begegnete einem angeblichem Medium und Alchemisten namens Edward Kelly, der ihn von seinen Fähigkeiten überzeugte. Kelly behauptete, zwei Käst-

✶ Ganz links: Der hl. Dominik verbrennt die »häretischen« albigensischen Schriften.

✶ Links: Dr. John Dee, Zauberer des Elisabethanischen Zeitalters.

★ Rechts: Edward Kelly hält in Walton-Le-Dale eine Séance ab.

★ Hintergrund: Dees Enachianische Tabellen basierten auf der Hierarchie des Universums.

chen mit geheimnisvollem rotem und weißem Pulver entdeckt zu haben, mit denen er Edelmetalle in Gold verwandeln konnte. In Dees Tagebüchern steht, dass Kelly mit seinen Pulvern Quecksilber und später Messingstücke, Kupfer sowie andere Metalle in Gold verwandelte. Dabei fügte man die Pulver nur dem Metall hinzu und erhitzte es dann über dem Feuer.

Dee und Kelly reisten gemeinsam nach Europa, um Gelder für eine groß angelegte Umwandlungsaktion von Metallen aufzubringen. Während Dee 1588 nach England zurückkehrte, wurde Kelly von Kaiser Rudolf II., der in den Besitz seiner Geheimnisse kommen wollte, eingekerkert. Er starb 1595 bei einem Fluchtversuch durch den Sturz aus einem Turmfenster. Aus Mitleid mit seiner Armut ernannte Königin Elisabeth Dee zum Präfekten der Collegiate Church in Manchester. Anklagen wegen Zauberei verfolgten ihn jedoch weiterhin und er musste sich immer wieder gegen Anschuldigungen der Teufelsanbetung und der Geisterbeschwörung verteidigen. Am 5. Juni 1604 legte er König Jakob eine Petition vor, in der er um einen Prozess und die Reinwaschung seines Namens bat, damit die Verleumdungen endlich ein Ende hätten. Dee starb im Jahr 1608 mit 81 Jahren und wurde in der Kirche von Mortlake, nahe seinem langjährigen Heim, zu Grabe getragen.

Magie: Auch wenn ihm Königin Elisabeths Gunst lange Zeit bis zu einem gewissen Grad Schutz gewährte, genoss Dee als Magier angeblich einen zweifelhaften Ruf. Er praktizierte offen Wahrsagerei und hielt Séancen ab, zu denen er Geister herbeirief. Seine

Künste führte er mithilfe eines ovalen Spiegels aus schwarzem Obsidian durch, von dem er behauptete, dass er darin das Bild eines Menschen aus dem Nichts heraufbeschwören könnte. Der Spiegel befindet sich heute im British Museum in London.

Dees magisches Vermächtnis erwarb ihm auch einen Ehrenplatz im modernen Okkultismus. 1583 begannen Dee und Kelly mit einer Reihe von Séancen mit dem schwarzen Spiegel. Während ihrer Untersuchungen versetzte sich Kelly in Trance und brachte in Zusammenarbeit mit Dee Einzelheiten über ein besonderes magisches System in Erfahrung. Dieses System ist heute als Enochianische Magie bekannt. Es basiert auf der Hierarchie der Engel, ihren Aufgaben und ihrer Sprache. Die Engel diktierten Kelly mehrere Listen mit Buchstaben zusammen mit den Anweisungen, wie man sie lesen sollte, um die Namen aller Engel mit ihren jeweiligen Autoritäten und Rängen abzuleiten. Bestimmte Worte wurden Dee diktiert (»MRE«, gesprochen »Emm-Ri«, bedeutet beispielsweise »mit«). Die Buchstaben erhielten Zahlenwerte und ein Wort mit einem bestimmten Wert gehörte mit allen anderen Worten desselben Wertes zusammen. Mithilfe dieses Systems konnte ein Zauberer alle guten Geister für seine Zwecke zu Zauberaufgaben zwingen. Enochianische Magie wird auch heute weltweit von vielen tausend Menschen praktiziert, allerdings mit unbewiesenen Ergebnissen.

✶ Unten: Dees Laboratorium im »Powder Tower« ist heute noch erhalten.

Name: DR. JOHN DEE
Zeit: 1527–1608
Gebiet: England, mit Reisen nach Europa
Beschreibung: »[Er] trug einen langen Bart und war eine würdevolle Erscheinung …«
Angebliche Hauptfähigkeiten: Wahrsagekunst, Anrufung, Verwandlung
Hauptmerkmale: Gebildet, neugierig
Wesen: Recht gut
Zauberkraft: Schwach
Typ: Ritualmagier
Domäne: Dämonologie, Alchemie
Ziel: Weisheit zu erlangen
Grundausrüstung: Zauberspiegel, Wachstäfelchen mit eingravierten magischen Figuren, bunt gefärbte Enochianische Zaubertabellen

Der Templerorden

Eine der berühmtesten und umstrittensten Gemeinschaften des frühen Mittelalters sind die Templer. Nach äußerst bescheidenen Anfängen erblühten sie zur reichsten und machtvollsten Ordensgemeinschaft in Europa. Ursprünglich gegründet zum Schutz frommer Pilger, die zwischen den Kreuzzügen ins Heilige Land reisten, gewannen sie bald Einfluss und Wohlstand. Am Zenit ihrer Macht schuldeten ihnen mehrere Länder viel Geld. Getrübt wurde ihr Ansehen jedoch durch den Vorwurf, Zauberei zu betreiben, und im Zuge dessen wurden sie aufgelöst.

Biografie: 1095 v. Chr. zogen die christlichen Mächte Westeuropas auf ihren großen Ersten Kreuzzug, um das Heilige Land in Palästina von seinen muslimischen Bewohnern »zurückzufordern«. Vier Jahre später war der Krieg vorbei, die Heilige Stadt Jerusalem erobert und die Kreuzfahrer errichteten das Königreich Jerusalem. 1119 gründete eine Gruppe neun französischer Ritter einen geistlichen Orden mit Sitz in Jerusalem, der die Aufgabe irdischer Güter gelobte und europäischen Pilgern und Gläubigen auf dem Weg ins Heilige Land Schutz anbot. Der volle Name des Ordens lautete »Arme Ritterschaft Christi vom Salomonischen Tempel«, kurz »Templer«.

Der mächtigste Verbündete des Ordens war der hl. Bernhard von Clairvaux, Abt der Zisterzienser und oberster Wortführer der vereinten Mächte und Kirchen der europäischen Christenheit, der so viel Einfluss besaß, dass man ihn auch oft den »Zweiten Papst« nannte. Auf Bernhard gehen alle Ordensregeln und das Armutsgelöbnis zurück, er überwachte die Entwicklung und unterstützte die Templer zu gegebener Zeit, bis sie von der Christenheit als geistlicher Orden anerkannt wurden. Einmal anerkannt, erfuhren die Templer die volle Unterstützung durch den Papst und aller europäischer Herrscherhäuser.

Da jeder Tempelherr das Armutsgelübde leistete und all seine Güter und Ländereien dem Orden vermachte, wurde die Gemeinschaft schnell reich. Die meisten ihrer Mitglieder stammten aus dem niederen Adel und besaßen zu Beginn stattliche Vermögen. Diese gingen genauso an den Orden wie die großzügigen Spenden der reichen Pilger, die sie begleiteten. Nach den Kreuzzügen verlagerte der Orden seinen Sitz nach Europa und sein Reichtum verlieh ihm Macht. Papst Innozenz II. stellte die Templer unter seine alleinige Herrschaft und damit außerhalb jeglicher weltlicher Autorität und jeglichen Gesetzes. Die Templer nutzten diese Immunität – und ihren großen Reichtum – um gegen Zinsen Geld zu verleihen, was normalerweise verboten war. Der Templerorden wurde so zu einer der bedeutendsten Geldquellen der europäischen Herrscher. Im Lauf der Zeit legten sie Strukturen und Praktiken fest, die bis heute dem Banken- und Finanzwesen zugrunde liegen.

★ Rechts: Ein Templer kämpft gegen einen heidnischen Gegner.

★ Ganz rechts: Tod des Simon de Montfort, »Geißel« der Templer.

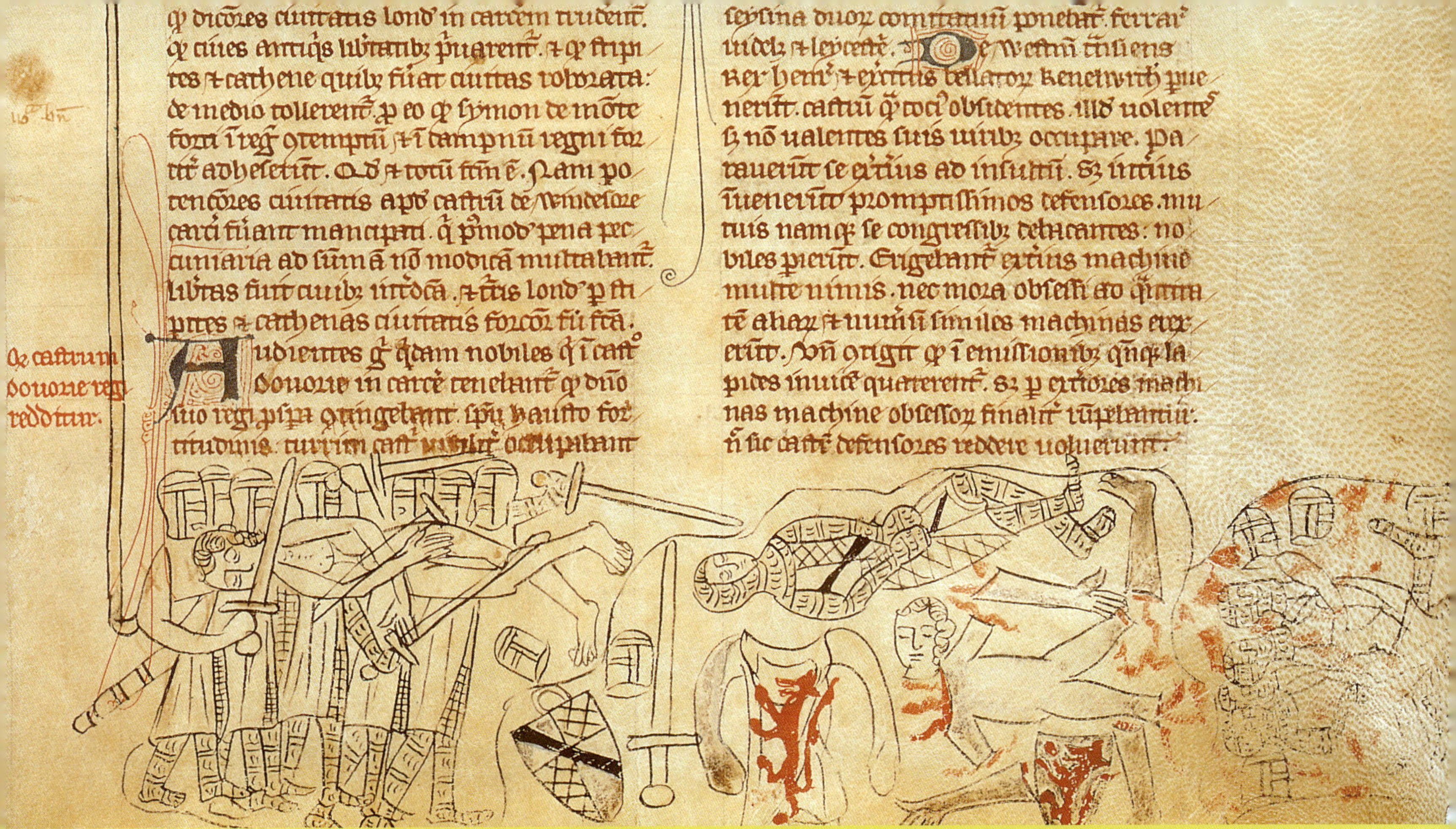

Von Anfang an pflegten die Templer die Geheimhaltung. Ihre Treffen, bei denen sie feierliche Zeremonien abhielten, waren streng geheim. Hier besprach und entschied man Angelegenheiten der Ordensgemeinschaft. Was dabei genau geschah, bleibt ungewiss, doch war man allgemein davon überzeugt, dass Zauberei im Spiel war. Wie sonst ließ sich der Aufstieg des Ordens zur Macht erklären? Kein Adliger mochte glauben, dass die Templer einfach die besseren Geschäftsleute waren. Zu Beginn des 14. Jahrhunderts schuldete die französische Krone den Templern enorme Summen. Der französische König Philipp IV., der Schöne – so genannt wegen seines Haars, nicht wegen seiner Wesensart – verbündete sich mit dem damaligen Papst Klemens V., dem der Einfluss der Templer ein Dorn im Auge war. Sie vereinbarten die Zerschlagung des Ordens. Einem Gerücht zufolge soll Gott König Philipp erschienen sein und ihm bedeutet haben, dass die Templer die Zerstörung der Welt planen. Es gibt allerdings keinen Beweis dafür, dass Philipp tatsächlich an eine solche Vision glaubte.

Am 13. Oktober 1307 befahl Philipp die Gefangennahme aller Templer wegen Ketzerei, was eigentlich der päpstlichen Autorität anheim fiel. Das erlaubte ihm, sich die Gelder der Templer anzueignen und sie solange foltern zu lassen, bis sie zugaben, Hexenmeister zu sein, Dämonen anzubeten, geheime Kräfte zu besitzen, das Heilige Kreuz zu treten und ungesetzliche sexuelle Handlungen zu vollziehen. Klemens V. trug seinen Teil zur Zerstörung bei, indem er den Orden 1312 offiziell auflöste und ihn so des letzten Schutzes beraubte.

Magie: Viele Templer gestanden unter der Folter, dass sie einen körperlosen Kopf – den »Schädel von Sidon« – anbeteten. Eine Legende aus dieser Zeit besagte, dass ein Templer sehr verliebt in eine Maurin

war. Sie erkrankte und starb. Überwältigt von seinem Kummer liebte der Ritter sie ein letztes Mal. Nach dem Vollzug sprach eine seltsame Stimme zu ihm und bedeutete ihm, dass er in neun Monaten zurückkehren solle, um seinen Sohn abzuholen. Als er zum verabredeten Zeitpunkt zurückkehrte, entdeckte er einen merkwürdigen bärtigen Kopf auf den Beinknochen des Skeletts. Der Kopf sprach zu ihm und sagte ihm, er solle ihn mitnehmen, denn dann seien ihm allerlei Güter und Weisheit versprochen.

Der Kopf wurde zu seinem Wächter und benutzte seine teuflischen Kräfte, um ihm alles darzubringen, was er sich wünschte. Daraufhin brachte er den Kopf zu dem Orden und hier sorgte er nun für dessen Erfolg.

Andere Berichte besagen, dass die Templer bei der Anbetung eines merkwürdigen Wesens namens Baphomet bestimmte Rituale vollzogen. Das Wesen hatte Kopf und Beine eines Ziegenbocks sowie Körper und Arme einer üppigen jungen Frau. Es hieß, dass Baphomet bei einigen Ritualen selbst anwesend war, um die

Verehrung der Ritter entgegenzunehmen. Es stimmt, dass die Templer runden Tempeln für ihre Zeremonien den Vorzug vor den kreuzförmigen christlichen Kirchen gaben und dass ihre Kirchen meist mit vielen ungeheuerlichen, aus Stein gemeißelten Köpfen verziert waren, die von der Wand herunter auf die Versammlung blickten. Ein besonders schönes Beispiel dafür, und der Öffentlichkeit immer noch zugänglich, ist die Templerkirche in London. Da ihnen die übliche Kirchenausstattung nicht zusagte, entwarfen die Templer für ihre Zeremonien auch das Kreuz Christi neu.

Man war sich weithin sicher, dass die Templer über allerlei magische Kräfte verfügten, insbesondere die, Dämonen vorzuladen, die Zukunft vorauszusagen und Feinde zu verfluchen. Ein bemerkenswertes Detail betrifft die Hinrichtung des letzten Großmeisters der Tempelherren. Jacques de Molay wurde am 19. März 1314 wegen Hexerei auf dem Scheiterhaufen verbrannt. Als er starb, verfluchte er Philipp den Schönen und Klemens V. Er sagte, sie beide würden ihm noch in diesem Jahr in die Hölle folgen. Nur fünf Wochen später verstarb der Papst und Philipp der Schöne war Ende November tot.

Name: ›Arme Ritterschaft Christi vom Salomonischen Tempel‹, auch als die »Templer« bekannt

Zeit: 1119–1312 (auch wenn einige davon überzeugt sind, dass Templergruppen versteckt überlebt haben und sie heute noch existieren)

Gebiet: Europa

Beschreibung: Ein religiöser Orden von Rittern, denen man unterstellte, Zauberer und Hexenmeister zu sein

Angebliche Hauptfähigkeiten: Wahrsagen, Anrufung

Hauptmerkmale: Reich, mächtig, einflussreich, Bankiers

Wesen: Ungewiss – es ist möglich, dass sie unschuldig waren und Philipps Angriffe nur aus Gier und Neid erfolgten

Zauberkraft: Eher schwach

Typ: Ritualmagier

Domäne: Dämonologie

Ziel: Reichtum und Einfluss zu erlangen

Grundausrüstung: Der Schädel von Sidon und, gerüchteweise, das Salomonische Siegel, mit dem man alle Dämonen befehligen konnte

★ Links: Templer werden gefoltert und umgebracht.

★ Oben: Jacques de Molay wird auf einem Scheiterhaufen verbrannt.

Die Alchemisten

Lange Zeit hielt man die Alchemie für die magische Version der Chemie, bei der vor sich hin murmelnde Zauberer grüblerisch Zaubersprüche über Schmelztiegeln und Destillierkolben aufsagten, um die Geheimnisse des ewigen Lebens durch den Jungbrunnen und beinahe unendlichen Reichtum durch den als »Stein der Weisen« bekannten Stoff zu erlangen. Alchemisten wurden alle Arten von Zauberkräften und Zauberfähigkeiten zugesprochen, selbst wenn ihr Ziel bislang unerreicht ist. Zu diesen Künsten gehörten vermutlich der Kontakt zu Dämonen, die Herstellung von Gift und anderen gefährlichen Gebräuen, die Gedankenkontrolle, das Voraussagen der Zukunft und die Erschaffung künstlichen Lebens.

BIOGRAFIE/MAGIE: Trotz Mangels an Beweisen zog die alchemistische Kunst im Lauf der Jahrtausende den regen Forschungsgeist hunderter intelligenter, gelehrter Menschen aus allen Enden der Welt in ihren Bann. Wenn man die Ergebnisse ihrer Arbeit betrachtet, kommt man leicht zu dem Schluss, dass die Alchemisten entgegen aller Gerüchte eigentlich an der Perfektionierung des Menschen arbeiteten. Sie alle hatten eine Vision der Menschheit ohne Krankheit und Kriege, verwandelt in das perfekte Ebenbild Gottes in einem Zustand der Schönheit und Harmonie. Das Anliegen der Alchemisten war nicht die Umwandlung von Metall, sondern die des Alchemisten selbst.

Die Wiege der Alchemie stand in Ägypten und geht auf einen frühen Pharao zurück, einen Hexenmeister, im alten Griechenland bekannt als **Hermes Trismegistos**, wörtlich: »Dreimalgrößter Hermes«. Er lebte angeblich um 1900 v. Chr. und war vor allem für sein Wissen um natürliche Abläufe bekannt. Die meisten seiner Werke wurden auf Befehl des römischen Herrschers Diokletian im dritten Jahrhundert n. Chr. zerstört. Von den Fragmenten seiner Werke gilt die *Tabula Smaragdina* oder »Smaragd-Tafel« als ältestes Dokument der Alchemie.

In den heute arabischen Ländern lag im ersten Jahrtausend n. Chr. der Schwerpunkt alchemistischer Forschung. Trotz Diokletians Säuberung im Jahr 296, bei der unersetzbare Dokumente zerstört wurden, stand die Alchemie in voller Blüte. Alchemisten wie

★ Rechts: Roger Bacon balanciert die Elementarkräfte aus.

★ Ganz rechts: Ein Alchemist bei der Arbeit.

D. TENIERS.

Zosimus von Panopolis aus dem vierten Jahrhundert, **Morienus aus Alexandria** aus dem fünften Jahrhundert und der Magier **Cedrennus** aus dem sechsten Jahrhundert hinterließen Bücher und Aufzeichnungen ihrer alchemistischen Werke und Entdeckungen. Im Jahr 750 wurde Abu Moussa Djfaral Sell, bekannt als **Geber** oder »Der Weise« in Mesopotamien geboren. Nach Hermes Trismegistos gilt er als der größte Alchemist und man schreibt ihm 500 Schriften zu, von denen es heute nur noch drei gibt. Er vertrat die Auffassung der Lebendigkeit der Metalle und allegorisierte und mystifizierte die alchemistische Arbeit, um sein Wissen vor profanen Blicken zu bewahren. Auf ihn geht das Wort »Geschwafel« zurück. Geber verfasste auch eine arabische Fassung eines Teils der legendären Smaragd-Tafel. **Rhasis**, ein ebenfalls angesehener Alchemist, war berühmt für seine Vorführungen, unedle Metalle in Gold zu verwandeln.

Zur Zeit der Kreuzzüge im 11. Jahrhundert verschob sich das Zentrum alchemistischer Forschung durch die Mauren aus den arabischen Ländern nach Spanien. Ein spanischer Philosoph namens **Artephius** schrieb im zwölften Jahrhundert ein Buch über die Unsterblichkeit durch Alchemie und behauptete, dass er seit 1000 Jahren lebte. Als sich seine Zeit dem Ende neigte, sagte er, dass sein einziger Wunsch sei, seinen Schülern ein ebenso langes Leben zu ermöglichen. Im 13. Jahrhundert waren Alchemisten über ganz Europa verteilt. **Wilhelm de Loris**, **König Alfons von Kastilien**, **Jean de Meung** und **Petrus Aponensis** hinterließen alle bedeutsame Werke der alchemistischen Lehre. Petrus Aponensis aus Padua wurde von der Inquisition bezichtigt, sieben böse Geister, von denen jeder in einem Kristallgefäß gefangen war, zu besitzen, die ihn die Künste und Wissenschaften lehrten. Er starb auf der Folterbank. Sein Freund **Arnaldus Villanovanus** konnte der Hinrichtung entkommen, doch wurden seine Bücher wegen der ketzerischer Behauptung, dass Glaube und Nächstenliebe gottesfürchtiger

★ Links: Ein Alchemist inmitten seiner Werkzeuge.

★ Unten: Ein erfolgreicher Alchemist arbeitet im Einklang mit der Natur.

wären als die katholische Messe, verbrannt. **Roger Bacon**, 1214 in Somerset geboren, kennt man als medizinisches, astrologisches und wissenschaftliches Genie. Er verbesserte den Julianischen Kalender, entdeckte geschliffene Gläser (und erfand so die Brille), nahm Untersuchungen mit dem Teleskop vor und sagte eine Reihe späterer Erfindungen wie Dampfschiffe, Autos und Flugzeuge voraus. Ignorante Zeitgenossen bezichtigten ihn der Zauberei in Verbindung mit Teufeln. Er wurde 1279 eingekerkert und gezwungen, der Wissenschaft abzuschwören. Er schrieb nur zwei oder drei alchemistische Werke, aus denen herauszulesen ist, dass er im Besitz des Steins der Weisen war. Er musste dies jedoch verheimlichen, um sein Leben zu retten.

Im 14. Jahrhundert produzierten die Alchemisten eine Unmenge an Schriften, die sich alle mit der so genannten »Ars Magna« und »Universalen Wissenschaft« befassten. Der 1314 verstorbene **Albertus Magnus** gab all seinen weltlichen Besitz auf, um in einem Kloster Alchemie zu studieren. Sein Schüler, **Thomas von Aquin**, sprach offen von ihren Verwandlungserfolgen. Der aus Mallorca stammende **Lullus** widmete seine Anstrengungen dem Beweis der Falschheit des Islam und der Richtigkeit der christlichen Doktrin. Zur Alchemie kam er erst später und brachte es zu beachtlichen Erfolgen. Er arbeitete unter König Edward II. und verwandelte Metall zu Gold, um Kreuzzüge gegen die verhassten Muslime zu finanzieren. Man schätzt, dass er Gold im Wert von mehr als 50.000 Pfund Sterling herstellte – eine unglaubliche Menge. Der gierig gewordene Edward versuchte, ihn einzusperren, doch er entfloh zurück auf den Kontinent. Angeblich wurde er mit 150 Jahren von wütenden Sarazenen, die er zu konvertieren versuchte, umgebracht. Noch in diesem Alter soll er wendig gewesen sein wie ein junger Mann.

Der sagenhafte Erfolg von Alchemisten wie Lullus sorgte im Spätmittelalter jedoch für Ärger. Scharlatane nutzten die Chance für Zauberkunststücke und betrogen Kaufleute und Adlige um ihr Gold und Silber zur »Erforschung« oder »Vermehrung«. Der Ärger wurde so groß, dass das Parlament reagierte und päpstliche Erlässe die Ausübung der Kunst mit dem Tode bestraften – auch wenn es von **Papst Johannes XXII** heißt, er hätte durch Beherrschung derselben dem Vatikanschatz eine reiche Menge an Gold beschert. Bald sah man alle Alchemisten als Schwindler an. Selbst deutliche, nachvollziehbare metallurgische Abhandlungen wie die von Vater und Sohn **Isaak Hollandus**, zwei

★ Links: Ein Alchemist führt eine Verwandlung durch.

Name: Alchemisten

Zeit: Theoretisch gesehen seit 2000 v. Chr. bis heute, doch ihre Blütezeit erlebten sie zwischen 1100 und 1700 n. Chr.

Gebiet: Ursprünglich Arabien und Ägypten, zeitweilig in China und Japan, doch zum Großteil in Europa

Beschreibung: Eine informelle Gemeinschaft von Männern, die ihr Leben zur Erforschung der Verwandlungsfähigkeit gemeiner Metalle in Gold und Silber widmeten

Angebliche Hauptfähigkeiten: Verwandlung

Hauptmerkmale: Gelehrt, entscheidungsfreudig

Wesen: Altruistisch oder gierig

Zauberkraft: Recht schwach

Typ: Ritualmagier

Domäne: Alchemie

Ziel: Reichtümer, Unsterblichkeit und die Verschönerung der Seele zu erreichen

Grundausrüstung: Aufwändigst ausgestattete Laboratorien, Bibliotheken, Experimentierpulver, Reagenzien und ähnliches – alternativ dazu nur der Stein der Weisen, ein Schmelztiegel und etwas Blei

Holländern, wurden nicht anerkannt. **Sir George Ripley**, Kanonikus der Kathedrale von Bridlington, erhob die Alchemie auf eine spirituelle Ebene, indem er sie mit der Reinigung der Seele verband – stellte jedoch außerdem mithilfe des Steins der Weisen Gold für die Malteserritter von St. John her. **Thomas Charnock** schließlich behauptete von sich, den Stein entdeckt zu haben, allerdings erst in hohem Alter.

Thomas Vaughan, ein walisischer Alchemist, folgte Ripley. In seinem Buch *Lumen de Lumine* konzentrierte er sich auf die physikalische, mentale und spirituelle Wirklichkeit. Er behauptete ebenfalls von sich, den Stein der Weisen gefunden zu haben und dass er aus einem fernen Land fliehen musste, als die Unreinheit von etwas Silber, das er feilbot, seine alchemistischen Fähigkeiten in Frage stellte. Es gibt Geschichten über ihn, dass er seine Verwandlungen den Königen von Bayern und Preußen, getrennt voneinander, demonstrierte. **Alexander Seton**, ein Schotte, zeigte

★ Rechts: Ein gut ausgerüstetes alchemistisches Laboratorium.

★ Ganz rechts: Der Okkultist Aleister Crowley, der »Gottloseste aller Lebenden«.

★ Ganz rechts unten: Nostradamus, der alles vorhergesehen haben mag – aber dies gut zu verschlüsseln wusste.

seine Kräfte in fast zehn Ländern Europas, bevor er aufgrund seines Wissens in Dresden eingekerkert wurde. Er wurde geschlagen, auf die Streckbank gelegt, verbrannt, durchstochen und mit flüssigem Blei übergossen. Trotzdem weigerte er sich, sein Wissen preiszugeben. Schließlich wurde er von einem Freund gerettet. Die berühmten Alchemisten **Michael Sendivogius**, **Böttger** und **Paykull** verbrachten alle einige Zeit im Kerker.

Nach dem 17. und 18. Jahrhundert wandte sich das Interesse von der Alchemie ab und langsam anderen gelehrten Studien zu, so beispielsweise den aufstrebenden Wissenschaften Chemie, Physik und Medizin. **Johan Baptista van Helmont**, der von sich behauptete, den Stein der Weisen berührt zu haben, war auch der erste, der die Chemie des menschlichen Körpers lehrte. **Sigmund Richter**, der 1710 eine alchemistische Abhandlung veröffentlichte, war engagiertes Mitglied der Rosenkreuzer. **Helvetius**, ein Arzt, behauptete die Kraft des Steins der Weisen eines Nachmittags erhalten zu haben, als sie ihm bei einem Besuch von einem geheimnisvollen Handwerker gezeigt wurde. Je weiter die Wissenschaft fortschritt und das Verständnis für die physikalische Welt wuchs, desto unwahrscheinlicher schien der Gedanke der Transmutation eines Metalls in ein anderes und die Alchemisten gerieten in Vergessenheit. Sollte es einem oder mehreren der wenigen Unverwüstlichen, die auf den Pfaden der Alchemisten wandeln, gelungen sein, den Stein der Weisen zu finden, so schweigen sie sich auf ihren Internetseiten diesbezüglich aus.

Lobend erwähnt

Viele bedeutende Menschen hatten einen bemerkenswerten Ruf als Okkultisten. Okkultisten sind nicht dasselbe wie Zauberer – der Okkultismus bezieht sich auf angeblich »wirkliche« magische Rituale, um Geschehnisse und Menschen subtil zu beeinflussen. Die Wissenschaft ist sich sehr sicher, dass nichts dahinter steckt. Egal ob jedoch nun die Wissenschaft oder die Gemeinschaft der Okkultisten im Recht sind: Okkultismus hat jedenfalls mehr mit Hexerei als mit Zauberei zu tun. Trotzdem sind einige der mächtigsten Seher, okkulten Magier, Gesellschaften und anderen magischen Personen, die wirklich gelebt haben, erwähnenswert.

Aleistair Crowley, das selbst ernannte »große Tier 666« und der »Gottloseste aller Lebenden«, wirkte in der ersten Hälfte des 20. Jahrhunderts und war ein tiefgründiger, intelligenter und zutiefst unmoralischer Okkultist. Er gilt als der mächtigste okkulte Meister moderner Zeit, ein Mann, der von sich behauptete, mit vielen Geistern und Dämonen in Kontakt getreten zu sein. Es hieß von ihm, er hätte einen seiner Gehilfen in ein Kamel verwandelt und sogar seinen eigenen Orden, die »Abtei von Thelema« gegründet, der heute noch aktiv ist. Crowley gewann erste Berühmtheit in **Golden Dawn**, einer zu Beginn des 20. Jahrhunderts bedeutenden englischen okkulten Gesellschaft.

Nostradamus ist immer noch berühmt für seine Serie düsterer Prophezeiungen, mit denen er offensichtlich den Ersten und den Zweiten Weltkrieg, den Aufstieg der USA und den Zusammenbruch unserer Gesellschaft im Jahr 2012 vorausgesagt hat.

Die **Etrusker** besiedelten einen Küstenstrich Italiens und galten als Volk von Zauberern, Hexenmeistern und Hellsehern. Ihre Priester konnten angeblich in Schlachten Blitze einschlagen lassen – bis die Römer sie besiegt und in ihr Reich aufgenommen hatten.

James Murrell, der im 19. Jahrhundert in Essex lebte, war aufgrund seiner angeblichen magischen Kräfte als der »der listige Mann« bekannt.

Michael Scot, ein Adliger aus dem Süden Schottlands, war im Mittelalter ein bekannter Dämonologe.

P.E. PRACOWNIK.

5

HANDWERKSZEUG

Handwerkszeug

Zauberausrüstung und -einrichtung

Zauberei ist eine komplizierte Angelegenheit. Um in den magischen Künsten erfolgreich zu sein, bedarf es vielerlei Gerätschaften und ein kluger Zauberer wird sich ohne bestimmte Geräte und Ausrüstungsgegenstände kaum sehen lassen. In diesem Kapitel werden die Objekte, die schon immer mit Zauberei verbunden waren sowie deren Einsatzmöglichkeiten und verschiedene Ausführungen vorgestellt.

Kleidung

Der erste sichtbare Hinweis auf einen echten Zauberer ist meist seine Kleidung. Die traditionelle »Uniform« aller nur denkbaren Zauberer sind lange, weite **Umhänge**, die bis zu den Fußknöcheln reichen, und ein großer, spitzer, weitkrempiger **Hut**. Wer sich der Welt als Zauberer vorstellen möchte, für den sind Umhang und Hut unerlässlich. Natürlich variiert das Aussehen der Robe je nach Geschmack des Trägers.

Am oberen Ende des Spektrums stehen die prunkliebenden Zauberer, deren Umhänge aus kostspieligsten Stoffen wie Samt oder Seide sind. Diese können leuchtend gemustert oder unifarben sein, doch sind oft dezente geschmackvolle magische Symbole oder Runen eingearbeitet; in der Regel mit Gold- oder Silberfäden. Diese magischen Symbole tauchen meist an Stoffeinfassungen, Säumen oder Gürteln auf, können aber auch über den ganzen Umhang verteilt sein. Manchmal besitzen diese Symbole auch Zauberkräfte und sind wichtige Überträger der Kraft des Zauberers. Insbesondere zum Protzen neigende Zauberer tendieren zu Symbolen, die beim Zaubern aufleuchten. Bestimmte Umhänge können auch für die erfolgreiche Durchführung eines Rituals vonnöten sein.

Zauberer mit hochwertiger Kleidung tragen meist große, beeindruckende Hüte. Sie werden oft aus demselben Material wie die Umhänge gefertigt, haben dasselbe magische Design und sind ebenso gemustert. Die Farben hochwertiger Zaubergewänder sind schwarz, mitternachtsblau, goldfarben, silbern und dunkelgrün. Seltener werden dafür helle Farben wie Rot- oder Blautöne, Meergrün und Gelbtöne verwendet – genauso wenig wie abstrakte Muster, die sich von selbst drehen oder hervorheben. Hochwertige Roben in Weiß sind ungewöhnlich und weisen in der Regel auf einen Schwarzmagier hin.

Auf der anderen Seite gibt es eine Reihe mächtiger Zauberer, die in einfacher Tracht daher kommen. Auch bei ihnen gehören Umhänge zum Standard, doch werden diese eher aus günstiger, handgewebter Wolle oder aus Sackleinen hergestellt und sind naturweiß mit leichten Grau-, Braun-, Mattgrün- oder bestenfalls Blautönen. Umhänge dieser Art sind nicht mit magischen Symbolen verziert. Statt beeindruckender Spitzhüte, wie die prahlerischen Kollegen sie haben, tragen diese Zauberer einen verbeulten **Schlapphut**, der so wirkt, als sei er zu seiner besten Zeit einmal hoch und spitz gewesen. Vor allem »zähe« Zaubererpersönlichkeiten kommen sogar ganz ohne Hut aus und ersetzen ihn durch ein Kapuze. Diese ist manchmal in den Umhang eingearbeitet, gehört aber meistens zu einer **Stola**, die auch die Schultern, den oberen Rücken und den Brustkorb bedeckt.

Derart gekleidete Zauberer mischen sich unauffällig unter das Volk und können in aller Freiheit durchs Land ziehen, da sie harmlos wie ein alter Landstreicher wirken. Bei ihnen handelt es sich meist um Hexenmeister oder Zaubersprüchmeister und nicht um Ritualmagier; Rituale erfordern per Definition diverse Objekte und Zutaten und passen daher schlecht zu Wanderzauberern.

★ Links: Kirke benutzt ihren Zauberstock um Odysseus' Männer in Schweine zu verwandeln.

★ Unten: Ein eher schlampiger Zauberer.

★ Hintergrund: Norwegische Runenmeister.

★ Oben: Der Geist eines toten Kindes wird mithilfe eines Zauberschwertes und -stabes herbeigerufen.

Zauberstäbe

Neben einer Auswahl an Umhängen ist ein mächtiger **Zauberstab** der zweitwichtigste Gegenstand für einen Zauberer. Im Gegensatz zur Kleidung, die meist nur zur Schau getragen wird, ist ein Zauberstab für viele Zauberwerke unerlässlich.

Zauberstäbe erfüllen vielerlei Zwecke. Sie können als leitendes Medium dienen: als Kanal, durch den die Zauberkraft in die Welt dringt. Sie können dem Zauberer bei der Konzentration auf seine magischen Kräfte dienen und seinen Geist auf die Wucht eines Zauberspruchs einstimmen. Außerdem helfen sie beim Anvisieren eines Ziels – die magische Kraft schießt oft in gerader Linie aus dem Zauberstab heraus, sodass der Zauberer den Stab gut ausrichten muss, um das bestmögliche Ergebnis zu erzielen.

Gelegentlich bedarf es auch einiger Gesten mit dem Zauberstab, um einen Zauberspruch wirksam zu machen, wie etwa die Zeichnung bestimmter Muster oder Symbole in die Luft. Manchmal sind solche Gesten als Lichtzeichnungen sichtbar, so als sei die Spitze des Zauberstabes ein Leuchtstift.

Zauberstäbe sind nicht kürzer als eine Hand und nicht länger als ein Unterarm. Sie sind unten daumendick und ganz oben dünner als die Spitze des kleinen Fingers. Sie werden meist aus Holz gefertigt, können aber auch aus Metall, Knochen, Kristall oder anderen harten Materialien sein. Manche haben an der Spitze ein **Juwel** oder einen wertvollen Stein, bei anderen ist am unteren Ende eine **Kugel** aus Metall oder Kristall eingearbeitet. Viele jedoch sind nicht geschmückt. Die meisten Zauberstäbe sind geschnitzt, graviert, mit eingebrannten oder gemalten Zeichnungen, magischen Symbolen oder machtvollen Wörtern versehen. Doch einige – meistens die aus Holz – sind ganz schlicht und nur schwer als Zauberwerkzeug zu identifizieren. Der bei Bühnenzauberern traditionelle schwarze Zauberstab mit weißer Spitze wird – abgesehen von deren

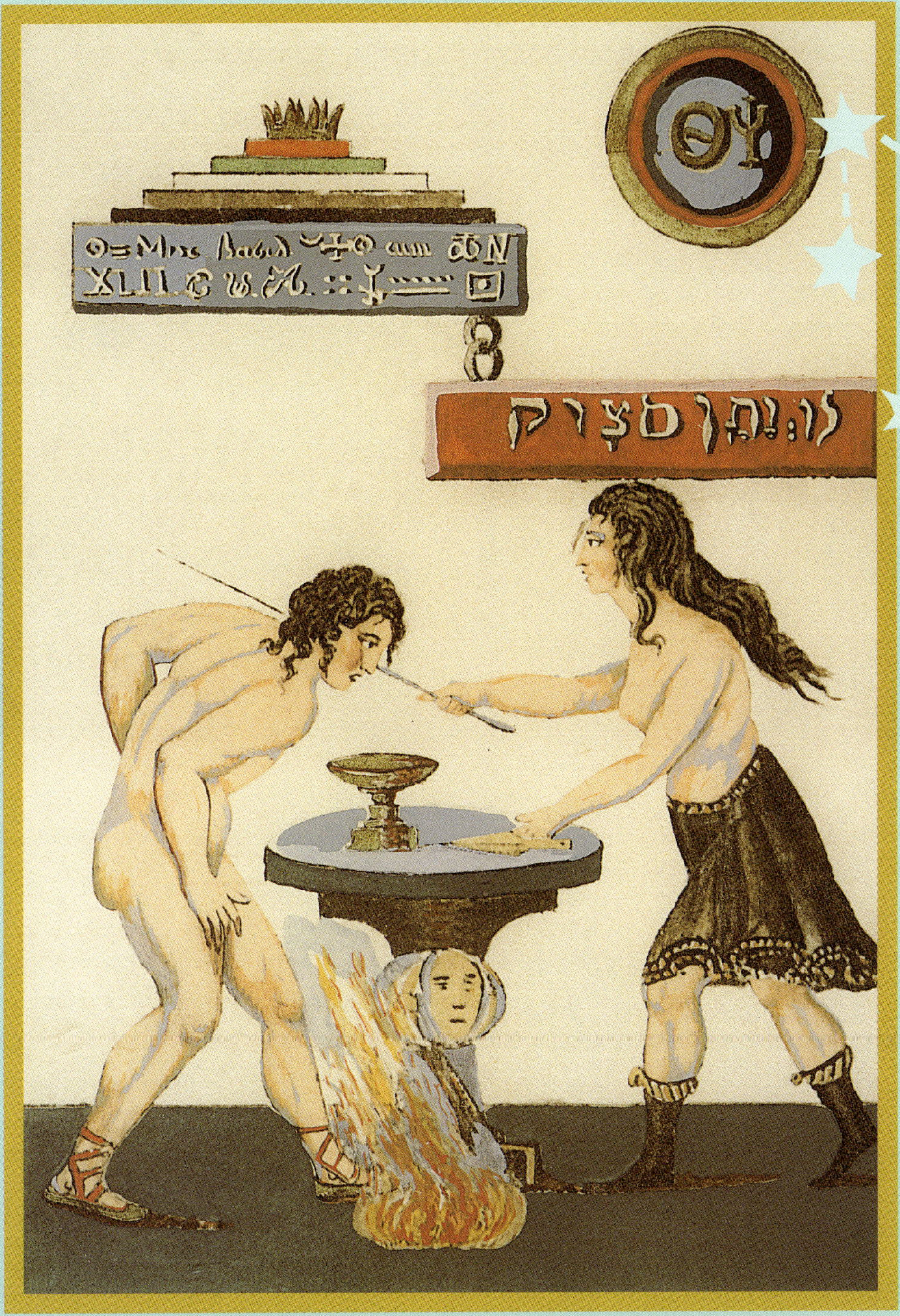

★ Gegenüber, unten: Dieser mittelalterliche Alchemist hat eine Pechsträhne

★ Ganz links: Eine Zauberin hilft einer Frau mit dem Spiegel in die Zukunft zu schauen.

★ Links: Ein grinsender Dämonenkopf auf einem Zauberstock.

Verwendung in manchen Hollywood-Filmen – nicht mit Zauberern in Verbindung gebracht.

Manche Zauberer bevorzugen einen **Stock** statt eines Zauberstabes. Auch wenn sie denselben Zwecken dienen, so sind Stöcke etwa mannshoch, so dick wie ein Handgelenk und verjüngen sich zur Spitze hin nicht. Sie sind in der Regel aus Holz, da Knochen kaum lang genug sind, Metall zu schwer ist und Kristall zu zerbrechlich. Sie sind weniger verziert als Zauberstäbe, können aber mystische Symbole und Muster aufweisen und in verschiedenen Formen geschnitzt sein. Da die meisten Stöcke gleichermaßen zur Wanderschaft wie zum Zaubern benutzt werden, sind sie oft an beiden Enden mit Metall-»**Schuhen**« versehen. Diese verhindern, dass das Holz an Felsen und Steinen absplittert. Einige Stäbe haben an den Kopfstücken mehr Zierrat als am unteren Ende. Diese Kopfstücke können sehr groß und beeindruckend ausfallen, besonders wenn der Stock bei einem Ritual eingesetzt wird. Die meisten magischen Stöcke sind jedoch eher schmucklos.

★ Oben: Die Hexen aus *Macbeth* um ihren Kessel.

★ Ganz rechts: Ein mittelalterliches Zauberbuch.

Kessel

Als wichtiges Zubehör für jeden Ritualmagier, ist ein **Kessel** weit mehr als nur ein großer Topf. In ritueller Hinsicht stellt ein Kessel ein besonderes Gefäß der Verwandlung dar – Dinge werden in einer bestimmten Form hineingelegt und in etwas anderes verwandelt wieder herausgeholt. Normalerweise geschieht die Verwandlung durch Erhitzen, Brauen oder Kochen der Zutaten. Typischerweise werden eine ganze Reihe fester und flüssiger Zutaten in das Gefäß gekippt. Das Ganze wird eine Zeitlang erhitzt und währenddessen werden Zaubersprüche und andere rituelle Formeln gesprochen. Zum Schluss ist ein **Zaubertrank** entstanden – entweder zum sofortigen Gebrauch oder zur Aufbewahrung.

Kessel sind überaus vielseitig und ein guter Zauberer kann einen Kessel dazu verwenden, alle möglichen Dinge zu verwandeln. Normalerweise braucht man zur Verwandlung mithilfe eines Kessels eine bestimmte Substanz oder ein Wesen, das der Grundzutat hinzugefügt wird. Wasser und Kräuter werden beim Brauen eines Tranks zum Beispiel in magische Substanzen verwandelt. In anderen Fällen ist der Symbolismus schwerer zu durchschauen. Es gibt Berichte über Tote, die in den Kessel gelegt wurden und ihm lebendig entstiegen. Für andere ist der Kessel so etwas wie ein Quell der Wiedergeburt – ein normaler Mensch nimmt darin Platz und entsteigt ihm kurze Zeit später weiser und mächtiger als zuvor. Es gibt auch Erzählungen über einen Zauberkessel, der alles, was man in ihn hineingab, verdoppelte – man konnte eine Goldmünze hineinlegen und zwei herausholen; legte man zwei hinein, holte man vier heraus. Ähnlich klingen die Geschichten von Kesseln, die sich nie leeren, sodass das darin bereitete Essen, meist eine milde Brühe oder Haferschleim, für unendlich viele Menschen reicht.

Zu den geschicktesten magischen Verwendungen von Kesseln gehört die Energieumwandlung. So stießen etwa manche Zauberer über einem leeren Kessel einen Zauberspruch aus und ließen ihn aus einem anderen Kessel wieder austreten. Andere setzten Kessel für lokal begrenzte Zauber ein. Ein Zauberer kann etwa einen Wasserzauber über einem Kessel ausstoßen, um ein Unwetter herbeizuführen oder er kann den Kessel so aufheizen, dass die Waffen einer Feindesarmee zerschmelzen.

Kessel werden auch zur Destillation von menschlichem und magischem Wissen sowie spiritueller Perfektion und dergleichen eingesetzt. Besitzt der Zauberer diese Eigenschaften nicht, kann er mithilfe des Kessels, passenden Zutaten und Sprüchen die Essenz davon in einen **Zaubertrank** oder eine Arznei einkochen und bei Bedarf zu sich nehmen.

Welche Zutaten in die Kessel wandern, unterscheidet sich je nach Zauberer. Einige Arzneien erfordern viele irdische **Kräuter**, Öle, Wasser etc. Andere sind exotischerer Natur und erfordern seltsame, giftige oder **magische Substanzen**, wie die drei Haare vom Kopf des königlichen Bastards, bei Vollmond gesammelte Graberde, pulverisiertes Einhorn, gemischt mit einer Drachenschuppe, oder 100 Gramm Sonnenstrahlen.

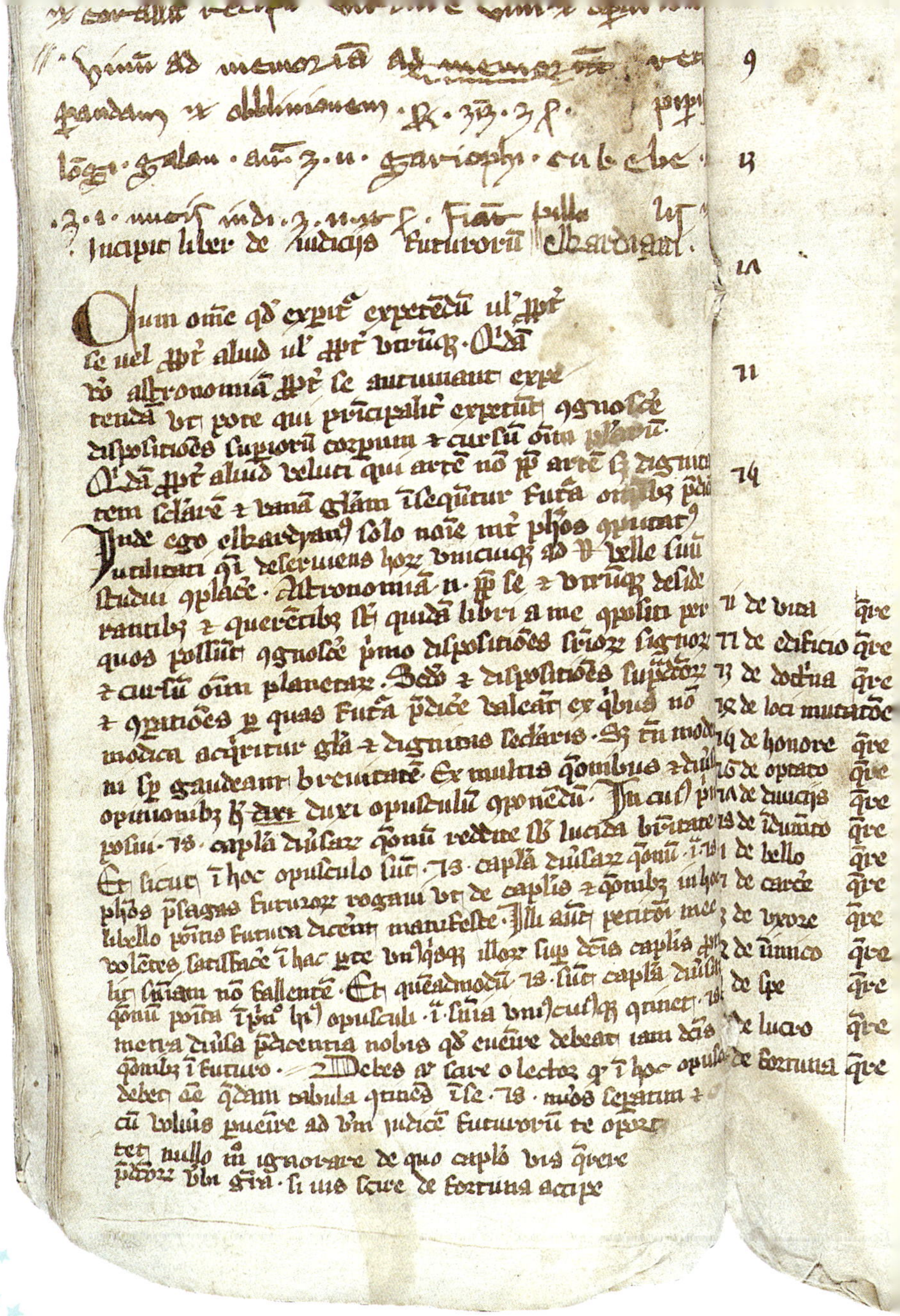

Der Kessel gehört, unabhängig von seinem Inhalt, zur Standardausrüstung. Normalerweise ist er schwarz, aus Eisen und von der Form wie ein leicht zerknüllter Ball, dessen obere Hälfte abgeschnitten wurde. Ein Rand umgibt die obere Einfassung und verhindert das Überlaufen ins Feuer. Kessel haben drei oder vier symmetrisch angebrachte Füße, sodass darunter ein Feuer entfacht werden kann. Außerdem haben sie einen Henkel in Form eines Halbkreises, der den oberen Teil umspannt, sodass man ihn bei Bedarf über einer Feuerstelle aufhängen kann. Die meisten Kessel sind unverziert und etwa hüfthoch, es gibt sie jedoch in jeder Größe, von ganz winzigen, die in eine Handfläche passen, bis zu Kesseln, in denen bequem fünf oder sechs Leute Platz nehmen können. Sowohl Zauberer als auch Hexen brauchen Kessel sehr häufig.

Rituelle Waffen

Einige Werkzeuge sind für viele magische Rituale unentbehrlich. Sie verkörpern verschiedene Elementarkräfte und -qualitäten und man kennt sie als Elementarwaffen, obwohl nur eine davon kampftauglich ist.

Das **Schwert** steht für das Element Luft und wird mit dem Geist, mit Wissen, logischem Denken, Kontrolle und Kälte assoziiert. Ritualschwerter werden eingesetzt, um ein bestimmtes Verhalten zu erzwingen, ungehorsame Geister zu zähmen und geistige Tugenden und Fähigkeiten zu erwecken. Sie sind oft verziert und ziseliert. In die Klinge sind normalerweise magische Symbole eingraviert und das Heft ist oft kompliziert gestaltet. Der Knauf kann mit einem Juwel, einem Kristall oder einer besonderen Kugel versehen sein. Ritualschwerter haben scharfe Klingen, trotzdem werden sie selten im Kampf eingesetzt, da sie den Träger leicht aus dem Gleichgewicht bringen können.

Kelche, **Becher** und **Grale** verkörpern das Element Wasser. Es wird mit Emotionen, Gefühl, übersinnlichen Fähigkeiten, Einfluss, Verwandlung und Liebe assoziiert. Kelche verwendet man in Ritualen üblicherweise, um in die Zukunft, die Vergangenheit oder an andere Orte zu blicken. Als Mini-Kessel werden sie bei Verwandlungen eingesetzt und können zur Beeinflussung der Gefühle anderer Menschen verwendet werden. Becher sind einfach geformt und haben einen abgeflachten Boden – es trennt also nur der Boden des Bechers die Flüssigkeit von der Oberfläche, auf der sie steht. Kelche und Grale sind etwas mehr ausgearbeitet, mit einem halbrunden Behälter für die Flüssigkeit und darunter einem Stiel. Alle drei können ganz schlicht oder sehr verziert sein. Meist sind sie aus Materialien wie Ton, Keramik, Holz, Gold, Silber oder Kristall.

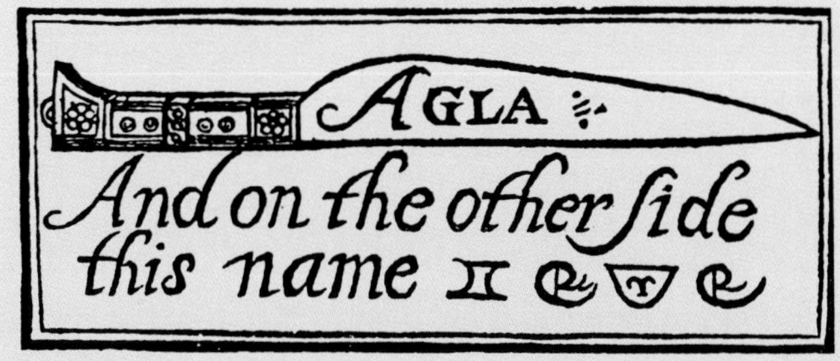

★ Oben: Ein Ritualmesser.

★ Unten: Der Knauf eines Ritualschwertes.

Siegel – mystische Zeichen in Wachs oder Stein eingraviert, auf Pergament oder dem Boden angebracht oder aus wertvollen Metallen gefertigt – sind mit dem Element Erde verbunden. Sie verkörpern Wachstum, Geerdetsein, Übertragung, Verbundenheit, Schutz und Hülle der Macht. Im Ritual werden sie oft dazu eingesetzt, die Ergebnisse, die ein bestimmter Zauber hervorbringen soll, fein abzustimmen. Man kann sie auch einsetzen, um einen Zauberer vor feindlichen Mächten oder Wesen zu schützen oder um die Kraft eines Rituals zu verstärken. Das berühmteste Siegel ist zugleich eines der einfachsten: der doppelte Kreidekreis, den ein Zauberer auf dem Boden um sich herum zieht. Andere sind ausgeklügelter, wenn auch nicht unbedingt mächtiger – sie können aus exotischen Substanzen oder mithilfe ungewöhnlicher Gegenstände und durch komplizierte Rituale hergestellt oder übernatürlich aufgeladen werden. Siegel können als kleine Illustration auf Pergament auftreten, als Teile von kostbarem Schmuck (normalerweise in Gold, Silber oder Platin), als auf den Boden gekritzelte Zeichnungen oder als Tischfläche, Wandbehang oder Obelisk.

Zauberstäbe gehören ebenfalls zu den Elementarwaffen. Sie verkörpern das Feuer und damit auch

★ Links: John Dee und Edward Kelly mit ihrem ausgestopften Alligator ...

★ Unten: ... und Dees Kristallkugel.

Energie, Kraft, Macht und Richtung. Sie wurden bereits im Abschnitt *Zauberstäbe* ausführlich besprochen.

Es gibt noch einige andere Objekte, die zu rituellen Zeremonien gehören, aber nicht notwendigerweise ein spezielles Zauberelement verkörpern. **Lampen** und Laternen stehen für Weisheit und erworbenes Wissen, sie führen den Zauberer aus der Unwissenheit heraus und sicher an sein Ziel. Eine **Glocke** zum Klingen zu bringen, weist auf Grenzlinien, Anfang und Ende hin und hilft der Kraft, sich zu manifestieren, indem sie während verschiedener Stadien des Rituals auf die Höhepunkte hinweist.

Flammen, die in Räumen durch **Kerzen** und Kohlebecken sowie draußen durch groß angelegte **Feuersbrünste** entstehen, schaffen einen Übergang zwischen der körperlichen und spirituellen Welt. Es gibt noch viele andere kuriose, aber seltenere Werkzeuge bei Ritualen. Dem berühmten Fantasy-Autor Terry Pratchett zufolge hat jeder Zauberer mindestens einen **ausgestopften Alligator** von der Decke hängen – aber wahrscheinlich lügt er.

Geweihte Orte

Neben den verschiedenen Ausrüstungsgegenständen, die meist zur Ritualmagie gehören, sind die Zauberer manchmal auf die verschiedenen Möglichkeiten etwas größerer Räumlichkeiten angewiesen: Viele Rituale und Zauber müssen in geweihten Gegenden stattfinden.

Das magische Kreissiegel ist ein gutes Beispiel für einen geweihten Raum, der beinahe überall und in kürzester Zeit hergestellt werden kann, andere dagegen sind weniger leicht zugänglich.

Ein **Altar** ist für viele Ritualmagier unabdingbar. In seiner einfachsten Form besteht er aus einem großen Block, in der Regel aus Holz oder Stein, auf dem verschiedene Gerätschaften stehen können. Selbst die einfachsten von ihnen besitzen Kräfte, auch wenn sie manchmal erst durch besondere Zauberei und Vorbereitungen gewonnen werden oder durch den wiederholten magischen Gebrauch im Lauf der Jahrhunderte.

★ Ganz rechts: Ein Zauberer in seinem heiligen Tempel.

★ Unten: Dees berühmter Wachsstein, der ihm half gute Geister zu beschwören.

Bei komplexeren Altären gibt es meist Einbuchtungen für Kerzen und Duftlampen oder integrierte Schalen für Flüssigkeiten. Andere können unter der Oberfläche mit sichtbaren oder versteckten Fächern ausgestattet sein, in denen der Zauberer zeremonielle Gegenstände aufbewahren kann. Selbst wenn schlichte Altäre die Regel sind, gibt es auch sehr stark verzierte. Sie können aus kostbarem oder ungewöhnlichem Material wie Marmor, Schieferplatten, Kristall, gebranntem Ton oder Halbedelsteinen bestehen und es können wertvolle Metalle wie Gold, Silber oder Bronze eingelegt sein. Einige Altäre sind gemeißelt oder ausgefallen geformt, mit Schnitzereien oder Figurinen dekoriert, mit vielerlei abstrakten, religiösen oder magischen Zeichen bemalt. Altäre können auch Teil eines größeren Schreins sein, der einem bestimmten Gott, Geist oder Dämon geweiht ist.

Manchmal jedoch reicht ein Altar allein nicht aus. Manche Zauber und Rituale entfalten ihre Wirkung nur in einem besonderen **Tempel** oder in einem besonderen Raum für magische Zwecke. Solche Orte werden gewissenhaft zum Zwecke der Zauberei vorbereitet und oft über Wochen, Monate oder sogar Jahre sorgfältig gereinigt und mit Kraft erfüllt. Es kann sein, dass der in Frage kommende Zauber nicht wirkt, wenn er nicht in diesem speziellen Tempel vorgenommen wird oder es kann sein, dass der Tempel eine wichtige Rolle bei der Veränderung oder der Beherrschung des Zaubers bzw. der Mächte und Wesen spielt, die er herbeiruft.

Zu den meisten guten Zaubertempeln gehören ein Altar und ein kompliziertes Siegel oder ein magischer Zirkel. Das Siegel kann sich in der

Mitte des Raumes als Sammelpunkt für Energien befinden oder es kann um den Altar herum angebracht sein, um dem Zauberer Schutz und Verstärkung zu bieten. Es kann auf den Boden gezeichnet oder gemalt sein, tritt aber in der Regel in Form von Einlegearbeiten aus Metall auf. Tempel sind selten unauffällig. Große, brennende Kohlebecken markieren oft strategische Punkte um das Siegel herum. Sollten sie fehlen, sorgen stattdessen brennende Fackeln an den Wänden für Licht. Arbeitet der Zauberer normalerweise mit einem besonderen Gott oder Geist, so wird dieses Wesen eine Statue oder einen Schrein in der Nähe des Altars haben. Die Wände sind in der Regel mit prächtigen Stoffen geschmückt und der Boden kann aus Mosaikarbeiten bestehen. Türen sind meistens schwer, mit Schlössern und einem Riegel auf der Innenseite versehen, sodass der Zauberer ungestört wirken kann.

Im Allgemeinen assoziiert man Altäre und Tempel eher mit dunklen Magiern als mit guten. Zu ihnen gehört immer der Gedanke der Verehrung, da sie meistens mit einem bestimmten oder mehreren Wesen verbunden sind. Aus welchen Gründen auch immer: gute Zauberer haben in der Regel keine Tempel und nur wenige nutzen Altäre.

Laboratorien

Ein Muss für eher experimentell veranlagte Zauberer ist ein magisches **Laboratorium**, in dem Zauberei und Alchemie stattfinden können. Laboratorien befinden sich meist in einem großen, rechteckigen Raum, der in der Regel vom Rest des Gebäudes abgetrennt ist, sei es aus Gründen der Geheimhaltung oder als Vorsorgemaßnahme für einen »Zauberunfall«. Viele von ihnen liegen im Keller, wo der Lärm und mögliche optische Effekte von Experimenten weniger auffallen. Andere liegen direkt unter dem Dach und haben Fenster oder Öffnungen nach oben, sodass der Zauberer das Sonnen- oder Mondlicht direkt bei seiner Arbeit nutzen kann. Laboratorien haben meist einen schlichten, leicht zu reinigenden Boden aus Stein oder Holz und alle möglichen Pläne, Diagramme, Tafeln und Spiegel an den Wänden.

★ Unten: Ein gut ausgerüstetes Laboratorium ...

★ Rechts: ... und eins in magischer Ordnung

Natürlich gibt es einige Gegenstände, ohne die ein Laboratorium nicht vollständig wäre. **Arbeitstische** sind unabdingbar. In Laboratorien befindet sich immer allerlei physikalische Ausrüstung und beispielsweise **alchemistische Apparaturen,** weshalb die meisten von ihnen gerammelt voll mit Tischen sind. Selbst Zauberer, die den Stein der Weisen gar nicht suchen, haben Kolben, Rohre, Retorten, Bechergläser, Brenner, Destillierkolben, Schmelztiegel, Schüsseln, Krüge, Scheide- und Destilliersäulen, Sprudler, Tropfgläser, Gestelle, Wasserhähne, Klammern und alle nur denkbaren Sorten an Gläsern. Diese sind üblicherweise durch Glas- oder Gummiröhren in wackeligen Konstruktionen miteinander verbunden und verschiedenfarbig leuchtende Flüssigkeiten winden sich langsam durch das Labyrinth.

Saubere **Arbeitsflächen** sind fast ebenso wichtig wie die Tische mit der Ausrüstung. Der Zauberer kann auch über einen **Seziertisch**, ein **Lesepult** und einen

Schreibtisch verfügen. Normalerweise gibt es einen Wasserzugang. Sehr protzige Zauberer können auch einiges an obskurer **elektrischer Einrichtung** im Hintergrund haben, die summt und knackst, wie etwa den Van-de-Graff-Generator oder eine Jakobsleiter, die normalerweise an Zähler, Hebel und große, klobige Schalter nach Frankensteins Manier angeschlossen sind.

Weniger üblich ist ein speziell entworfenes **magisches Siegel** für experimentelle Zauberkraft, das die gesammelten Energien in sich vereint. Einige mächtige Zauberer haben große **Wachstumsbottiche** und Behälter aus Kristall oder Metall, in denen sie sich Diener erschaffen, Tote zum Leben erwecken oder lebende Wesen und Flickwerk miteinander verbinden und mit Leben erfüllen.

Abgeschlossene **Kabinette** beinhalten oft alle möglichen Essenzen, Zutaten, Reagenzien und anderes interessantes Material, das zur Forschungsarbeit eines Zauberers gehört.

Äußerst selten findet man ein mit Zierrat geschmücktes Laboratorium. Zauberer, die ein beeindruckendes Laboratorium wünschen, kümmern sich eher um Extrazubehör als um verzierte Wände oder eingelegte magische Siegel.

LE QUADRUPLE
ORACLE
DES DAMES ET DES DEMOISELLES
PAUL BERNARDIN, LIBRAIRE-ÉDITEUR
53, QUAI DES GRANDS AUGUSTINS, 53

Bibliotheken

Bücher spielen im Zaubererleben eine bedeutende Rolle. Viele der größten Zauberer entwickelten ihre Kräfte oder einen Teil davon aus dem, was sie aus Büchern erfahren haben. Bücher verkörpern Wissen, und Wissen ist das Rüstzeug des Zauberers. Von Zeit zu Zeit muss jeder Zauberer für den einen oder anderen Zweck auf Bücher zurückgreifen – um einen neuen Zauber zu lernen; Zeichen, Omen und Prophezeiungen zu deuten; sich eine bestimmte Information wieder ins Gedächtnis zu rufen; einen geheimnisvollen Gegenstand, ein Wesen oder ein Phänomen zu identifizieren oder dergleichen. Da man nie weiß, welche Information man braucht, horten Zauberer zwanghaft Bücher und sammeln zu jedem Thema so viele, wie sie nur bekommen können. Das bedeutet, dass sie rasch über riesige **Bibliotheken** verfügen.

★ Ganz links: Ein französisches Handbuch für Zaubersprüche und -techniken.

★ Links: Appolonius, griechischer Philosoph und Zauberer.

Die meisten Bibliotheken sind sich in der Regel recht ähnlich. Kleine Büchersammlungen können in einem Studierzimmer aufbewahrt werden, die Regale stehen an der Wand und im Raum selbst befinden sich meist einer oder zwei bequeme Sessel und vielleicht ein Schreibtisch. Größere Sammlungen hingegen erfordern zusätzlich frei stehende Bücherschränke. Zaubersprüche und Rituale, ungeheure und magische Wesen, Geisterkunde, Aberglaube und Prophezeiungen, Geschichte und Wissenschaften sind die häufigsten Themen der Bücher in Bibliotheken von Zauberern. Manche von ihnen sind unglaublich riesig und aus Marmor, mit Teppichen zwischen den Bücherschränken, um die Schritte zu dämpfen, während andere bescheidener mit hölzernen Regalfluchten ausgestattet sind. Sie können einen kleinen Raum einnehmen oder sich über die Zimmer eines Schlosses, Herrenhauses oder labyrinthischen Tunnelkomplexes ausdehnen, doch sind sie alle immer Bibliotheken – und das heißt, dass Lärm und Flammen äußerst unwillkommen sind.

6

Magische Gesellschaften

Magische Gesellschaften

Gruppen und soziale Strukturen

Zauberer tun sich nur selten mit ihresgleichen zusammen. Das liegt zum Teil an der Natur ihres Berufes. Die meisten Zauberer verbringen beim Erlernen der magischen Künste lange Zeit in Einsamkeit, was zu sozialen Problemen führt. Die wenigen, die per Zufall an ihre Kräfte kommen – meistens Hexenmeister – lehnen nicht nur ihre Begabung, sondern oft auch andere magische Wesen ab.

Gruppen und soziale Strukturen

Im Gegensatz zu normalen Menschen sind Zauberer sehr mächtig. Oft können ihnen nur andere Zauberer bedrohlich werden – und es ist nicht gerade leicht, sich im Kreise potenziell gefährlicher Personen zu entspannen. Zauberer stehen zudem unter Konkurrenzdruck und zeigen gerne die Ergebnisse der Mühen, die sie in ihre Arbeit gesteckt haben oder eben wie beachtlich ihr Naturtalent ist. Das hält sie auch davon ab, sich mit anderen zusammenzutun. Bei allen sozialen Schwierigkeiten, dem häufig vorkommenden Verfolgungswahn und beruflichem Neid ist es ohnehin erstaunlich, dass sie es gemeinsam auf einem Kontinent aushalten, ohne ständig von Feuerbällen Gebrauch zu machen.

Trotzdem arbeiten manche Zauberer tatsächlich in Gruppen oder Organisationen. Diese bestehen meist zum Zweck der Ausbildung von Nachwuchszauberern, können aber auch im Hinblick auf eine wichtige, gemeinsame Zielsetzung gebildet werden; beispielsweise dazu, einander Schutz zu bieten oder Techniken und Ausrüstung auszutauschen.

Die Istari

J. R. R. Tolkiens Meisterwerk *Der Herr der Ringe* begründete das Genre der Fantasy-Romane. Das Werk gilt gemeinhin als eines der großartigsten der modernen englischen Literatur. Ende 1999 führte eine große englische Tageszeitung eine Umfrage durch, in der es zum wichtigsten Buch des zwanzigsten Jahrhunderts gekürt wurde. Ob nun ein solches Lob gerechtfertigt ist oder nicht, so steht doch außer Frage, dass es ein bedeutendes Werk ist und der neue Film, der nach seiner Vorlage entsteht, mit ziemlicher Sicherheit ein Kassenschlager wird.

Tolkien sah *Der Herr der Ringe* ursprünglich nur als eine Schreibübung für einen frei erfundenen Geschichtsroman. Besonders erstaunlich ist die Fülle an Details, mit denen er sein Werk ausstattet. Gerade sie verleihen seinem Stil die besondere Ausdruckskraft. Bei seinem Tod hinterließ er ein reiches Vermächtnis an Informationen über seine, meist als Mittelerde bezeichnete, Welt – benannt nach dem Kontinent, in dem sich die meisten seiner Geschichten abspielen.

Der größte Zauberer von Mittelerde war Gandalf der Graue, der im zweiten Kapitel des vorliegenden

✶ Links: Gandalf sitzt mit sich und der Welt zufrieden an einem Bach.

✶ Unten: Das Land Mittelerde – der eigentliche Held der Erzählung *Der Herr der Ringe*.

Buches genauer vorgestellt wird. Er gehörte zu einer Bruderschaft von Zauberern namens »Istari«. Sie bildeten einen Stamm guter Geister, den Stamm der Maiar, dessen Mitglieder sich entschlossen, menschliche Gestalt anzunehmen und den Sterblichen in Mittelerde im Kampf gegen Sauron zu helfen; der stärksten bösen Macht, die zu jener Zeit frei ihr Unwesen trieb. Lange hatten die Mächte des Guten gelobt, sich nicht um die Angelegenheiten der Sterblichen zu kümmern. Ihre Einmischung war das größtmögliche, gerade noch erträgliche Zugeständnis.

Es gab fünf Istari-Zauberer: Saruman, Gandalf, Radagast, Pallando und Alatar. Saruman war ihr Anführer und gab größtenteils die Vorgehensweise vor. Er war auch der stärkste der Istari. Jeder Zauberer hatte in den Ländern von Mittelerde umfassende Pflichten zu erfüllen, weshalb sie sich weit verstreuten und kaum Kontakt zueinander hatten.

Zur Zeit ihres größten Einflusses bildeten die westlichen Istari das Herzstück des Weisen Rats, auch als »Der Rat der Weisen« bezeichnet. Der gemischte strategische Rat führte den Kampf gegen Sauron an. Zum Rat gehörten in erster Linie einige Istari und verschiedene weltliche Führer: Saruman, Gandalf und Radagast von den Istari, Galadriel von Lothlorien, Elrond der Halbelbe, Cirdan, Deleborn, Gildor und Glorfindel von den Sterblichen. Viele der elf Mitglieder des Weisen Rats besaßen magische Kräfte, galten nach ihrem eigenen Recht jedoch nicht als Zauberer.

Saurons Macht und die Vielzahl an Ablenkungen und machtvollen Verlockungen durch das Leben unter Sterblichen führten dazu, dass die meisten Istari korrupt wurden. Alatar und Pallando reisten mit Saruman in die südlichen und östlichen Gegenden von Mittelerde, doch kehrte nur er zurück und sie tauchten in den Geschichtschroniken danach nicht mehr auf. Radagast entwickelte eine Besessenheit für die Flora und Fauna des Landes und schwor seiner Aufgabe zugunsten des intensiven Studiums der Natur ab. Saruman schien standhaft zu bleiben, doch gelüstete ihn nach Saurons Kraft und so wurde er schließlich selbst böse. Als Führer des Weisen Rats und der Istari nutzte er seine Autorität, um seine Korruptheit zu verbergen und untergrub den Rat, indem er seine wahren Absichten als besondere Vorsicht ausgab. Während das Volk von Mittelerde trotz Sarumans Verzögerungstaktik Widerstand gegen Saurons Mächte leistete und der Rat eine Versammlung nach der anderen abhielt, um herauszufinden, wie man vorgehen sollte, nutzte Saruman die Zeit für die Suche nach dem *Einen Ring*, dem magischen Gegenstand, der ihm die absolute Macht verleihen würde.

Von den fünf Istari blieb allein Gandalf seiner Berufung treu. Er half bei Saurons Sturz und nahm Saruman seine Kraft. Nachdem Sauron besiegt und Saruman getötet war, verließ Gandalf Mittelerde und kehrte in das Land im Westen zurück. Die einst machtvolle Bruderschaft der Istari bestand jetzt nur noch aus Radagast sowie Pallando und Alatar, deren Schicksal jedoch ungewiss war.

Am Ende bleibt die Erkenntnis, dass die wenig straffe Organisation der Istari wohl einer der Hauptgründe für ihr Scheitern war. Pallando und Alatar trennten sich gleich zu Beginn von dem Rat und gaben ihre Mission preis. Ohne regelmäßige Zusammenkünfte und ohne zentrale Operationsbasis förderte der informelle Charakter der Istari-Bruderschaft unabhängiges Handeln, was den Zusammenhalt der Zauberer fast unmöglich machte. Ohne Übersicht oder Gruppendruck konnte Saruman in aller Ruhe von der negativen Kraft korrumpiert werden und Radagast sich der Natur zuwenden. Die gegenseitige Überwachung ist wichtig für das Überleben jeder Zauberergesellschaft.

Die Istari

Zauberer	Farbe	Schicksal
Gandalf	Grau	Überwand das Böse und kehrte heim
Saruman	Weiß	Wandte sich dem Bösen zu und wurde getötet
Radagast	Braun (Erdfarben)	Wandte sich ab
Pallando	Blau	Vermisst
Alatar	Blau	Vermisst

★ Links: Gandalf steht am Tor ...

★ Unten: ... und an deinem Bett.

★ Dachs, Löwe, Schlange und Adler – die Wappentiere der Hogwarts-Schule.

Die vier Häuser

Haus	Lehrer	Farben	Tier	Hausgeist
Gryffindor	Prof. McGonagall	Scharlachrot/Gold	Löwe	Der Fast Kopflose Nick
Hufflepuff	Prof. Sprout	Gelb/Schwarz	Dachs	Der Fette Mönch
Ravenclaw	Prof. Flitwick	Blau/Bronze	Adler	Die Graue Dame
Slytherin	Prof. Snape	Grün/Silber	Schlange	Der Blutige Baron

Die Lehrerschaft von Hogwarts

Derzeitige Mitglieder	Aufgaben
Binns, Professor (verstorben, unterrichtet als Geist weiter)	Geschichte der Zauberei
Dumbledore, Professor Albus	Schulleiter
Filch, Herr Argus	Hausmeister
Flitwick, Professor	Zaubersprüche; Ravenclaw
Hagrid, Herr Rubeus	Pflege magischer Geschöpfe; Wildhüter
Hooch, Madam	Fliegen; Quidditch
Lupin, Professor Remus	Verteidigung gegen die Dunklen Künste
McGonagall, Professor Minerva	Verwandlungslehre; Gryffindor
Pince, Madam	Bibliothekarin
Pomfrey, Madam Poppy	Schulschwester
Sinistra, Professor	Astronomie
Snape, Professor Severus	Zaubertränke; Slytherin
Sprout, Professor	Kräuterkunde; Hufflepuff
Trelawney, Professor Sybil	Wahrsagekunst
Vektor, Professor	Arithmantik

Frühere Mitglieder	Aufgaben
Grubbly-Plank, Professor	Pflege magischer Geschöpfe
Kettleburn, Professor	Pflege magischer Geschöpfe
Lockhart, Professor Gilderoy	Verteidigung gegen die Dunklen Künste
Moody, Herr Alastor »Mad-Eye«	Verteidigung gegen die Dunklen Künste
Quirrell, Professor	Verteidigung gegen die Dunklen Künste

Hogwarts-Schule

In der Welt der Harry Potter-Bücher ist das Zaubererwesen überraschend wohlgeordnet. Alle Zauberer der Erde haben ihre gewachsene Kultur, abgeschieden von der normalen (Muggel-)Welt und ihre eigene Struktur. Ein Großteil der erwachsenen englischen Zauberer arbeitet für das Ministerium für Zauberei, einer großen Regierungsstelle, die sich mit allem, was magisch ist, beschäftigt. Andere arbeiten für die Zaubererbank, Gringotts; spielen in einer der Profi-Quidditch-Ligen; arbeiten als Journalisten oder haben ihre eige-

nen kleinen Geschäfte, um die Kollegen zu versorgen. Die am engsten verwobene Gruppe ist jedoch das Lehrerkollegium der Hogwarts-Schule für Hexerei und Zauberei.

Hogwarts wurde vor über 1000 Jahren von vier großen Zauberern gegründet – Godric Gryffindor, Helga Hufflepuff, Rowena Ravenclaw und Salazar Slytherin. Beunruhigt darüber, wie die Muggels zu ihrer Zeit mit Zauberern umsprangen, errichteten die Gründer die Schule – ein ausgedehntes Schloss inmitten weiter Ländereien – im Verborgenen. Nur ein Zauberer kann dorthin finden, denn weder taucht sie auf Landkarten auf, noch funktioniert die weltliche Technik innerhalb ihrer Mauern. Auf normale Menschen wirkt sie wie eine verfallene alte Ruine inmitten einer Einöde. Die vier Gründer hatten sehr unterschiedliche Ansichten darüber, was einen guten Schüler ausmacht, und mehrere Jahre nach dem Aufbau suchte jeder seine Schüler gemäß seinen Prioritäten aus – Gryffindor legte Wert auf Mut und Tapferkeit; Hufflepuff schätzte Freundlichkeit und Fleiß, Gerechtigkeit und Treue; Ravenclaw wünschte Gelehrsamkeit und Intelligenz und Slytherin suchte nach List und Tücke. Mit dem Anwachsen der Schülerzahl unterteilten die Gründer ihre Schule in Häuser, die ihre Namen trugen und ihre Tugenden verkörperten. Den Auswahlprozess verselbständigten sie durch die Schöpfung des *Sprechenden Huts.* Er schätzte jedes Kind ein und wies es dem passenden Haus zu. Der Sprechende Hut ist heute noch in Gebrauch.

Die vier Häuser machen die Struktur von Hogwarts aus. Jedes Haus hat seinen eigenen Schlafturm mit einem Gemeinschaftsraum, Schlafräumen und einem lebendigen Bild, das als Wächter des Turmes dient. Die Häuser haben außerdem Schutzgeister, besondere Symbole und Farben und ihnen steht jeweils ein Lehrer vor, der verantwortlich für das Wohlergehen der Schüler ist. Der Unterricht findet jedoch auch in gemischten Gruppen der Häuser statt. Die vier Häuser konkurrieren jedes Jahr in einigen akademischen und sportlichen Disziplinen und versuchen, einander durch den Gewinn von Hauspunkten zu überbieten. Das Haus mit den meisten Punkten am Jahresende gewinnt und erhält für das kommende Jahr den Hauspokal.

Da der Sprechende Hut bei der Auswahl der Häuser den Charakter einer Person unter die Lupe nimmt, wirken die vier Häuser wie vier kleine Zauberergesellschaften unter einem Dach. Rivalität ist die Regel und Slytherin und Gryffindor sind einander besonders feindlich gesonnen.

Um das leibliche Wohl der Lehrerschaft und der Schüler kümmert sich eine kleine Mannschaft von Hauselfen – magische Wesen, die kochen, putzen und andere weltliche Hausarbeiten verrichten. Die Mahlzeiten werden gemeinsam im großen Speisesaal eingenommen. Das Schloss selbst ist ein labyrinthisches Gebäude, voller Geheimwege, fehlender Treppenstufen, Ritterrüstungen und großer, beweglicher Treppen und allerlei mehr von dem, was man in einer Schule für Zauberer eben so erwartet.

Das Herz von Hogwarts ist der unendlich weise und machtvolle Schulleiter Albus Dumbledore. Er ist persönlich für die Einstellung der Lehrer verantwortlich und die langjährigen Angestellten sind ihm, trotz mancher persönlicher Animositäten untereinander, außerordentlich verbunden. Dumbledore wird von den meisten als mächtigster Zauberer der Welt geschätzt und es heißt, dass er das einzige lebende Wesen ist, vor dem sich Lord Voldemort, der größte der dunklen Zauberer, fürchtet. Dumbledore hat das Talent, selbst in den ungewöhnlichsten Persönlichkeiten noch etwas Wertvolles zu finden und beschäftigt eine Reihe von Mitarbeitern, die den meisten Zauberern suspekt sind – sein Urteil erweist sich in der Regel jedoch als gerechtfertigt.

Der Jedi-Rat

Mitglied	Rang	Art	Heimat	Größe	Spezialgebiet
Ki-Adi-Mundi	Ritter	Cereaner	Cerea	1.99 m	Gedankenkontrolle
Eeth Koth	Meister	Zabrake	Nar Shadda	1.91 m	Physische Beweglichkeit
Oppo Rancisis	Meister	Unbekannt	Thisspias	1.93 m	Taktik
Yaddle	Meister	Unbekannt	Unbekannt	0.50 m	Analyse
Adi Gallia	Meister	Unbekannt	Corellia	1.67 m	Politik
Yarael Poof	Meister	Quermianer	Quermia	2.24 m	Trugbilder
Saesee Tiin	Meister	Iktotchi	Iktotch	1.88 m	Telepathie/Wahrsagen
Even Piell	Meister	Lannike	Lannik	0.70 m	Kampf
Depa Billaba	Meister	Chalactanerin	Coruscant	1.64m	Scharfblick
Mace Windu	Meister	Mensch	Unbekannt	1.88 m	Verhandlungsgeschick
Yoda	Meister	Unbekannt	Unbekannt	0.66 m	Hellseherei/Telekinese
Plo Koon	Meister	Kel Dor	Dorin	1.88 m	Übersinnliche Wahrnehmung

Die Jedi-Ritter

Zu ihrer glorreichen Zeit dienten die Jedi als zauberbegabte Polizeitruppe. Ihre Gemeinschaft hatte sich gemeinsamer Ziele und Ehrbegriffe verschworen. Sie trachteten nach der Aufrechterhaltung von Recht und Gesetz in der alten Republik des *Krieg-der-Sterne-*Universums und diese Pflicht erfüllten sie mit einer ein-

★ Links: Der Jedi-Rat diskutiert über einen gewissen Anakin Skywalker.

drucksvollen Mischung aus erbarmungsvoller Weisheit und schonungslosem Zorn. Die Führung der Jedi-Ritter war im Tempelgebäude des Hauptstadtplaneten der Republik, Coruscant, untergebracht und bestand aus dem Jedi-Rat mit den 12 größten Jedi-Rittern. Der Rat bestand aus fünf ständigen Mitgliedern mit lebenslanger Zugehörigkeit, vier Langzeitmitgliedern, die solange dienten, bis sie wieder entlastet werden wollten, und drei befristeten Mitgliedern, die dem Rat nur für eine bestimmte Zeit angehörten. Diese Mischung sorgte für die Ausgewogenheit des Rates. Mit dem Rat als verlässlichem Kontrollorgan waren die Jedi-Ritter eine schlagkräftige, machtvolle Vereinigung.

Zum Teil begründete sich der langjährige Erfolg der Jedi-Ritter auf ihrer intensiven Ausbildung. Kinder, bei denen man ein starkes Machtpotenzial spürte, wurden schon in sehr jungem Alter zur Ausbildung herangezogen. Der Sinn lag darin, dass man sehr kleine Kinder von ihrer Familie und Freunden trennte, bevor sie alt genug waren, um starke Bindungen aufzubauen. Mit viel Sensibilität wurden sie dann im Jedi-Orden großgezogen. Der Orden selbst übernahm für seine Mitglieder die Rolle von Mutter und Vater und führte sie in seine Familie ein, um so einen festen Bund aus Loyalität, Gehorsam und Zuneigung zu begründen. Diese Technik haben Gruppen seit Menschengedenken eingesetzt.

Der strenge Ehrenkodex der Jedi-Ritter half außerdem dabei, die Gruppe zusammenzuhalten. Die Jedi waren Hüter von Recht und Gesetz, wurden als Schiedsrichter in Streitfragen entsandt, sollten den republikanischen Gesetzen Geltung verschaffen und Kriminelle fangen. Durch ihre Kräfte waren sie weltlichen Polizeikräften weit überlegen: sie besaßen die Fähigkeit der Gedankenbeeinflussung, konnten Wahrheit und Lüge erkennen und in Vergangenheit und Zukunft blicken. Das alles machte es äußerst schwierig, sie zu täuschen oder sich vor ihnen zu verstecken. Sie fanden jedes Verbrechen heraus und ahndeten es gerecht. Der starke Sinn des ganzen Ordens für moralische Gerechtigkeit – die Jedi waren Musterbeispiele für das Gute und die Tugendhaftigkeit – konnte langfristig Unstimmigkeiten zwischen Konkurrenten entschärfen. Die Sanktionen des Jedi-Rats gegen ungehorsame oder unbotmäßige Mitglieder bestärkten die Bürger noch mehr, sich gut zu benehmen und freundlich zueinander zu sein.

Der Stoff, der die Jedi-Ritter letztlich zusammenhielt, stammte aus dem Wesen der Macht selbst. Die Macht hat zwei Seiten; eine gute und eine böse. Beide, die helle und die dunkle Seite, üben eine große Anziehungskraft auf Menschen aus, die auf Macht fixiert sind. Es ist ihnen unmöglich, sich neutral zu verhalten; jeder wird sich entweder vom Licht oder vom Schatten angezogen fühlen.

Obwohl ein solides Fundament bei der Jedi-Ausbildung sicherstellte, dass alle Mitglieder fest auf der hellen Seite verwurzelt waren, blieb es jederzeit möglich, jemanden von einer Seite auf die andere zu ziehen, entweder von der guten auf die böse oder umgekehrt. Die Gefahr, sich negativen Gefühlen und selbstbezogenen Wünschen hinzugeben, existierte durchaus – unsoziales Verhalten würde einen Jedi auf die dunkle Seite hinüberziehen und das hätte katastrophale Folgen. Aber nur wenige waren bereit, das Risiko von Egoismus, Gier oder Böswilligkeit einzugehen, da sie wussten, dass es sie ihre Seele kostete. Die Jedi waren aufgrund ihrer Unterweisung, ihrer reinen Kräfte und ihres Bewusstsein ihrer moralischen Überlegenheit von klein auf eine außerordentlich disziplinierte und geschlossene Macht des Guten. Zuletzt richtete sich allerdings genau diese Disziplin – und ihre Selbstgenügsamkeit – gegen sie selbst.

Die Anhänger der dunklen Seite der Macht, die bösen Gegenspieler der Jedi, waren die Sith. Böse Zauberer können grundsätzlich besonders schlecht mit anderen zusammenarbeiten, daher überrascht es kaum, dass es immer nur zwei Sith gab: den Meister und seinen Lehrling. Auch diese Beziehung war nie stabil; der Lehrling versuchte häufig, den Meister zu stürzen und ihn zu ersetzen, selbst wenn der Meister seinerseits versuchte, den Lehrling zu misshandeln und zu unterdrücken. Trotzdem erkennt man die Kraft der dunklen Seite daran, wie es den Sith gelang, die Jedi beträchtlich zu dezimieren, die Republik zu übernehmen und ihr Weltreich zu begründen.

Lobend erwähnt

Auch wenn sie in der magischen Welt eher die Ausnahme von der Regel darstellen, so gibt es noch eine ganze Reihe anderer wichtiger Zauberergemeinschaften. Die **Unsichtbare Universität** ist eine hervorragende Einrichtung für das Erlernen der Magie in Terry Pratchetts *Scheibenwelt*. Im Gegensatz zur eleganten Zivilisiertheit von Hogwarts, sind die Zauberer der Unsichtbaren Universität ein zänkischer Haufen, politisch unterwandert und voll kleinkarierter Missgunst. Die Förderung eines Untergebenen innerhalb der Strukturen der Universität kostete häufig einen der Leitenden das Leben und Vertreter der unterschiedlichen Schulen an der Universität trachteten einander ebenfalls oft nach dem Leben. Trotz gelegentlicher Ausbrüche von Anarchie scheint die Universität derzeit unter der Leitung eines ihrer seit Jahren strengsten Kanzlers, Mustrum Ridcully, der in seinem Lehrkörper nur wenig Albernheiten duldet, gut zu funktionieren.

Die **Akademie der Tsurani-Magier** auf Kelewan in Raymond E. Feists Büchern ist eine weitere Ausbildungsinstitution. Sie dient jedoch in gewissem Grad dazu, die Zauberer an die Kette zu legen. Sie sind verpflichtet, zugunsten des Tsurani-Imperiums und ohne sich in die Politik einzumischen, zu arbeiten und die Akademie selbst wird unter Androhung militärischer Gewalt genötigt, ihren Mitgliedern den Willen des Imperiums aufzuzwingen.

In David Eddings *Belgariad-Saga* ist die **Bruderschaft der Hexer** eine wirklich zusammenstehende Versammlung äußerst mächtiger Zauberer. Ihre zaubereibegabten Feinde, die **Grolims**, sind genauso strukturiert. Doch sind beide Gruppen fast religiös motiviert und werden durch ihren gemeinsamen Kampf zusammengehalten, durch den sie ihre jeweiligen Götter unterstützen.

In der **Sterbenden Erde** von Jack Vance bilden die versammelten Zauberer des 21. Äons (also etwa des 210. Jahrhunderts) so etwas wie einen bösartigen Club, in dem man sich trifft, um zu prahlen und Druck aufeinander auszuüben.

★ Unten: Das übliche Chaos an der Unsichtbaren Universität.

7 DIE DUNKLE SEITE

Die dunkle Seite

Das böse Antlitz der Zauberei

Zauberer geben ausgezeichnete Bösewichter ab. Dank ihrer magischen Künste sind sie im Besitz großer Kräfte und eines hohen Machtpotenzials. Oft bedarf es nur ein wenig dieser machtwollen Kraft, um ihre edlere Seite zu überwinden. Böse Zauberer können daher so undurchsichtig, gerissen oder auf unbestimmte Weise beunruhigend wirken wie kein anderer. Zudem waren einige der ausdauerndsten bösen Zauberer hochbegabt und äußerst machtvoll. Daher bringen viele Menschen Zauberern grundsätzlich Misstrauen entgegen.

Darth Vader

Darth Vader ist eine der ausdauerndsten bösen Figuren der letzten 30 Jahre. Wie andere Figuren aus der ersten Trilogie der *Star Wars*-Filme auch, fesselte er die öffentliche Vorstellungskraft wie kaum jemand zuvor. Er ist immer noch auf den ersten Blick erkennbar und mittlerweile sogar so etwas wie eine Ikone. Sein Erfolg beruht auf verschiedenen Elementen. Seine körperliche Präsenz war unglaublich – eingeschweißt in eine schwarze Rüstung, über zwei Meter groß und mit dem ständigen Keuchen seines Beatmungsgeräts, war er ein bisher noch nie gesehenes Wesen. Seine Stimme war grauenerregend und seine Bösartigkeit und Unbarmherzigkeit zogen viele in seinen Bann. Bis heute ist er einer der größten dunklen Magier, die die Welt je gesehen hat.

Biografie: Vader begann sein Leben als Anakin Skywalker, ein Kind der Prophezeiung, von dem es heißt, es wäre das Ergebnis einer unbefleckten Empfängnis mit der Macht. Er wurde auf dem Wüstenplaneten Tatooine geboren. Seine Mutter, Shmi, war Sklavin und der junge Anakin lebte als Sklavenkind. Als Anakin noch sehr klein war, wurden sie an den Toydarischen Schrotthändler Watto verkauft. Hier erwarb der Junge eine Vielzahl an mechanischen und technischen Kenntnissen. Der Jedi-Meister Qui-Gon Jinn befreite ihn aus der Sklaverei. Jinn erkannte das Potenzial und die erstaunliche Kraft der Macht in dem kleinen Jungen und nahm ihn mit sich zurück in den Jedi-Tempel auf Coruscant, um seine Ausbildungsreife beurteilen zu lassen.

Der Jedi-Rat konnte Anakins Kraft erkennen, doch beim Blick in seine Zukunft wurde die Vision von ihm düster. Die Jedi spürten die Gefahr, die von ihm ausging, und lehnten seine Ausbildung ab. Nach Jinns Tod durch die Hand des Sith-Lehrlings Darth Maul beschwor der Jedi-Ritter Obi-Wan Kenobi ein altes Privileg des Ordens, nämlich ihm die Ausbildung Anakins zu übertragen, so wie Jinn es gewünscht hatte.

Kaum im Jedi-Orden, wurde Anakin rasch für seine Begabung, Kraft, Rücksichtslosigkeit und Ungeduld bekannt – eine gefährliche Mischung für einen Jedi. Er litt häufig unter Albträumen, denen Kenobi nicht entgegenwirken konnte. Bei der Suche nach einem vermissten Jedi stand Anakin schließlich einem Mörder, Ke Daiv, gegenüber. Unterdrückte Gefühle brachen aus ihm heraus – er ließ seiner Wut und Frustration freien Lauf und tötete den Mann. Einmal entfacht, ließen sich diese Gefühle nicht mehr kontrollieren. Wütend auf Kenobi über das langsame Fortschreiten seiner Ausbil-

✶ Links: Mirgan Le Fay braut Unheil zusammen.

✶ Unten: Würdest Du diesem Jungen mit dem Lichtschwert vertrauen?

★ Rechts: ... dabei sah er früher so unschuldig aus.

dung, erzwang Anakin ein Duell mit seinem Meister. Trotz der Kraft der dunklen Seite in ihm verlor er den Kampf und wurde sehr schwer verwundet. Nur sein Zorn und die Schande hielten ihn am Leben. Verschiedene kybernetische Übertragungen waren nötig, um ihn zu retten. In dem Moment, in dem das Metall mit seinem Fleisch verschmolz, wurde Anakin Skywalker zu Darth Vader und er verwandelte sich in einen Sith.

Als Sith-Meister Palpatine an politischem Einfluss gewann und das Imperium die Republik verdrängte, kam auch Vader an die Macht. Er und seine Agenten jagten und töteten die Jedi. Nur wenigen wie Kenobi, Yoda und Vima-Da-Boda gelang die Flucht vor der »Säuberung«. Vader erwies sich als besonders gnadenlos und schlachtete viele der obersten Jedi ab.

Trotz seines Ruhms war Vader kaum politisch. Er neigte dazu, Staatsangelegenheiten zu ignorieren und widmete sich bevorzugt seinem Wirkungskreis in der Armee des Imperiums. Seine hervorragenden technischen Fähigkeiten kamen ihm bei der Überwachung von Entwurf und Konstruktion der schnellsten Kurzstreckenraumgleiter, den Sienar Flottensystemen T. I. E. Advanced Starfighter, zugute. Viele Flottenoffiziere des Imperiums empfanden Bitterkeit über Vaders Privilegien und erachteten sie als unverdient. Seine Art der Organisation schaffte ihm ebenfalls keine Freunde – in der gesamten Flotte war er für seine plötzlichen Anfälle von Gereiztheit gefürchtet, und er war wohlbekannt dafür, unglückselige, verdiente Offiziere für lächerliche Fehler zu ermorden. Auch erfolglose Versuche ihn umzubringen, stimmten den Dunklen Lord nicht eben freundlicher.

Als die Allianz der Rebellen, auferstanden aus der Asche der Republik, gegen das Imperium aufbegehrte, übertrug man Vader die Verantwortung für den Todesstern und für die Niederwerfung der Rebellen. Es gelang ihm, ihr Hauptquartier ausfindig zu machen und er tötete in einem Duell seinen früheren Meister Kenobi. Doch konnte Vader die Rebellion nicht aufhalten, da der Todesstern, der die Geheimbasis zerstören sollte, vorher selbst explodierte. Dies ging auf das Konto von Luke Skywalker, dem ersten einer neuen Generation von Jedi-Rittern und Vaders lange aus den Augen verlorenem Sohn.

Name: DARTH VADER

Alter: In den 60ern

Körpergröße: 200 cm

Beschreibung: Mächtige, imposante Gestalt in einer schwarzen Rüstung mit kybernetischem Beatmungsgerät

Hauptfähigkeiten: Erdrosseln, Telekinese, Hellsehen

Merkmale: Kapriziös, impulsiv, unbarmherzig, wild

Wesen: Böse

Macht: Groß

Typ: Hexer/Wahnsinniger

Domäne: Manipulation, Wahrsagekunst, übersinnliche Fähigkeiten

Ziel: Beherrschung des Universums

Grundausrüstung: Laserschwert, Rüstung, Beatmungsgerät, T. I. E. – Kampfflugzeug, Todesstern

Schöpfer: George Lucas

Die Rebellen flohen und Vader verfolgte sie. Bestrebt, jedes potenzielle Wiedererstarken der Jedi an der Wurzel zu vernichten, stellte Vader Luke eine Falle, aber es gelang ihm nicht, ihn zu fangen. Luke kehrte jedoch zurück, um ihm noch einmal gegenüberzustehen und nach einem Kampf der Titanen gelang es Luke, Vaders Mitgefühl zu erwecken. Vader wandte sich wieder der hellen Seite zu und tötete seinen ehemaligen Sith-Meister, den Imperator, wobei er selbst tödliche Wunden erlitt.

Vader starb kurz darauf, doch, erlöst durch seinen Sohn, konnte er in der Macht seinen Platz an der Seite seiner alten Freunde einnehmen.

WELT: Vader lebte zu einer Zeit der Anarchie und Finsternis, für deren Entstehung er zum größten Teil selbst verantwortlich war. Man könnte einwenden, dass seine Abkehr zum Bösen bei seiner mangelhaften

Ausbildung unvermeidlich war, doch steckte das Potenzial von Gefährlichkeit und Ungeduld schon immer in ihm. Über Jahrtausende hinweg bildete die alte Republik eine stabile Macht aus Recht und Gesetz und obwohl sie in Maßen korrupt war, besaß sie doch Größe. Das Imperium, das ihre Stelle einnahm, war grausam und repressiv und Vader fügte sich hier perfekt ein. Unter dessen Schutz konnte er nicht nur seine Niedertracht und blutrünstige Verderbtheit ausleben, er wurde dafür sogar noch belohnt.

MAGIE: Qui-Gon Jinn glaubte, dass Anakin Skywalker dazu erwählt sei, die Macht wieder ins Gleichgewicht zu bringen – wie es sich auch letzten Endes tatsächlich verhielt. Zum Leidwesen der Jedi umfasste das Gleichgewicht jedoch das Helle wie das Dunkle. Über Jahrtausende waren die Sith – und die dunkle Seite der Macht – schwach und unterdrückt. Jinn stellte sich gerne vor, dass der Erwählte mit der noch bestehenden Korruption und Grausamkeit reinen Tisch machen und ein goldenes Zeitalter einleiten würde, doch lag er, was die Natur jenes Gleichgewichts betraf, daneben. Als der Erwählte brachte Vader die Macht als Werkzeug des Guten wie des Bösen in Einklang. Für Vaders Wahnsinn zahlten nicht nur die Jedi mit ihrem Leben, sondern auch Milliarden Unschuldiger. Normalerweise setzte Vader nur einen kleinen Teil seiner Kräfte ein. Seine bevorzugte Bestrafungstechnik bestand in einer Art körperlicher Beeinflussung, die die Atemwege des Opfers verschlossen und es zu Tode würgte. Dies war seine Lieblingsmethode bei der Exekution seiner unglückseligen Untergebenen. In der Schlacht konzentrierte er sich mehr auf seine überlegene Kampfkraft und die verstärkten Reflexe, er rief seine telekinetischen Kräfte wach, um anderen gegenüber immer einen Schritt voraus zu sein. Außerdem konnte er andere um sich herum erspüren, Gedanken

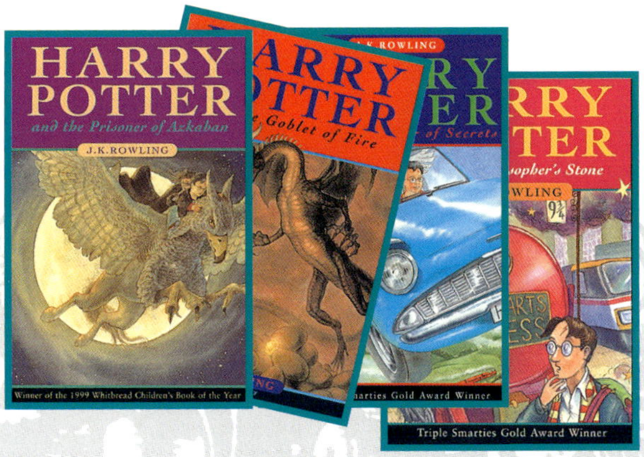

lesen und in beschränktem Maß die Zukunft voraussehen.

Name: LORD VOLDEMORT

Alter: In den 40ern

Körpergröße: 183 cm

Beschreibung: Groß und dünn wie ein Skelett, mit fahler Haut, großen scharlachroten Augen und schlangenartigen geschlitzten Pupillen, eine fast platte Nase und lange knochige, spinnenartige Hände

Herausragende Fähigkeiten: Verfluchen, Gedankenkontrolle, Teleportieren

Merkmale: Tückisch, machtbesessen, grausam

Wesen: Böse

Macht: Sehr groß

Typ: Ritualmagier

Domäne: Evokation, Anrufung

Ziel: Weltbeherrschung

Grundausrüstung: Zauberstab mit eingearbeiteter Phoenixfeder

Schöpfer: J. K. Rowling

★ Ganz links: Am Bahnhof King's Cross liegt Gleis 9 ¾.

★ Links: Die Chroniken der Wiederkehr Voldemorts.

Voldemort

Es heißt, dass ein großer Held eines großen Feindes bedarf, um das Beste in sich zum Vorschein zu bringen. Wenn das stimmt, dann muss Harry Potter tatsächlich einer der ganz Großen werden, denn sein Erzfeind, der böse Zauberer Lord Voldemort, ist unermesslich mächtig und sehr gefährlich. Er ist der übrigen Zaubererwelt ein solches Grauen, dass man seinen Namen kaum auszusprechen wagt und man ihn im Gespräch als »Du-weißt-schon-wer« umschreibt, damit der ausgesprochene Name, »Voldemort«, ihn nicht aufmerksam macht.

BIOGRAFIE: Tom Vorlost Riddle war Sohn einer Hexe und eines Muggels. Seine Mutter offenbarte ihrem Mann ihre Kräfte erst während der Schwangerschaft und prompt verließ er sie voller Abscheu. Sie starb im Kindbett und ließ den kleinen Tom allein in der Welt. Er wuchs in einem Waisenheim für Muggels auf und jeder Augenblick darin war ihm verhasst. Rasch entwickelte er große Abscheu gegen seinen Vater und damit verbunden auch gegen alle Muggels. Er schwor, seinem Vater heimzuzahlen, dass dieser ihn verlassen hatte und er deshalb in einem Waisenheim aufwachsen musste. Mit elf Jahren wurde Riddle zur Einschreibung an der Hogwarts-Schule für Hexerei und Zauberei eingeladen und er wurde dem Haus Slytherin zugeordnet.

Während seiner Zeit in Hogwarts entdeckte Riddle Legenden, denen zufolge der Gründer des Hauses Slytherin eine geheime Kammer des Schreckens in der Schule eingerichtet hatte, die nur von seinem Nachkömmling und spirituellen Erben geöffnet werden konnte. Riddle gelang der Zugang in die Kammer und er freundete sich mit dem Ungeheuer darin an. Dann benutzte er es, um Schüler zu töten, die Muggeleltern hatten und als »Schlammblütler« beleidigt wurden. Als die Schule nach den Morden kurz vor ihrer Schließung stand, geriet Riddle in Panik; er befürchtete, dass er zurück ins Waisenheim müsse und hing die Verbrechen einem Mitschüler an, Rubeus Hagrid. Hagrid wurde als Strafe für das Freilassen eines Monsters vom Unterricht ausgeschlossen und Riddle blieb an der Schule.

Riddle verbarg seine dunkle Seite und bestand am Ende des Jahres, von allen gemocht und respektiert, die Abschlussprüfung in Hogwarts. Kurz darauf suchte er seinen Vater auf, der auf seinem Familiensitz in dem Dorf Little Hangleton lebte, und ermordete ihn. Obendrein tötete er noch die Eltern seines Vaters, die ebenfalls hier wohnten. Ihre Todesursache blieb geheimnisumwittert, auch wenn es hieß, sie hätten ausgesehen, als seien sie aus reinem Entsetzen gestorben. Riddle hängte die Morde dem Gärtner an – den man mangels Beweisen wieder freiließ – und ging fort. Doch sein Blutdurst war noch lange nicht gestillt.

Riddle besaß große Kraft und verfügte über großes Können. Seine offene Ablehnung Muggels gegenüber bescherte ihm eine Reihe fanatischer Anhänger unter den konservativen reinblütigen Zaubererfamilien. Er nahm den Namen Lord Voldemort an – ein Anagramm seines Namens – und begann damit, Gehilfen und Jünger um sich zu scharen, die er *Todesfresser* nannte. Er kontrollierte eine Vielzahl anderer Zauberer, indem er einen speziellen Fluch verwendete, um sie in seine Macht zu bringen. Nachdem er einen Kader von Todesfressern aufgebaut hatte, setzte er eine Serie von Terroranschlägen gegen Schlammblütler, muggelfreundliche Zauberer in der Zaubererwelt und die Muggels in der normalen Welt in Gang.

Sein Ziel war die Machtvergrößerung der magischen Welt. Dabei schützten ihn die Verschwiegenheit, Brutalität und Macht der Todesfresser. Voldemorts Stärke, die sich aus der dunklen Magie, die er erlernte, und aus den Leben, die er nahm, entwickelt hat, wurde immer größer. Immer mehr Menschen gerieten in seinen Bann, einige aus bösartigem Ehrgeiz, andere aus Furcht und Selbsterhaltungstrieb. Die Sicherheitskräfte der Zauberer standen, unterwandert von Spionen und Verrätern, den Festnahmen des Dunklen Lords machtlos gegenüber. Viele Zauberer und Muggels wurden in den Jahren der Herrschaft Voldmorts umgebracht, oft auf Aufsehen erregend brutale Weise. Die Zaubererwelt war gelähmt vor Angst.

Harry Potter sollte Voldemorts Niedergang bedeuten. Aus unbekannten Gründen war Voldemort wild darauf, die Potters zu töten. Das Baby Harry und seine Eltern, James und Lily, versteckten sich mit Hilfe von Professor Dumbledore, aber ein vermeintlicher Freund verriet sie. Voldemort setzte sich auf ihre Fährte, ermordete James und Lily und wandte dann seine Kraft gegen das Baby. Doch es geschah etwas Erstaunliches: Als Voldemort versuchte, Harry zu töten, prallte seine Zauberkraft auf ihn selbst zurück und zerschmetterte ihn. Zerstört und bar seiner Kräfte, entfloh Voldemort. Seine Bewegung zerfiel und die meisten Todesfresser wurden gefangen genommen.

Auch wenn es viele noch nicht wissen, so ist Voldemort eines Tages, dank der Zuwendung einer seiner alten Diener, einem feigen Zauberer namens Peter Pettigrew, wieder völlig hergestellt. Er hat die verbliebenen Todesfresser um sich geschart und will sich an Harry, Dumbledore und dem Rest der Zaubererwelt rächen. Seit ihm seine Kräfte wieder zur Verfügung stehen, ist er so erstarkt, dass er es schaffen könnte.

Welt: Zur Zeit seiner Herrschaft versetzte Voldemort die gesamte Zaubererwelt in Schrecken. Er hatte loyale Agenten im Ministerium für Zauberei wie in anderen Organisationen und er war seinen Feinden immer ein paar Schritte voraus. Kraftvolle Gegner im Kampf gegen ihn wurden im Schlaf entleibt oder, wenn sie nicht erreichbar waren, schlachtete man ihre Familien und Freunde brutal ab. Muggelfreundliche Zauberer und alle, die im Verdacht standen, dies zu sein, wurden getötet. Die meisten Zauberer betrachteten seinen Sieg als unausweichlich, weil ihn scheinbar nichts aufhalten könnte. Furcht und Verfolgungsangst beherrschten die Zauberergemeinschaft. Harry Potters unwillkürlicher Sieg über Voldemort verschaffte ihm daher sofort ewigen Ruhm.

Magie: Voldemort stehen viele Techniken zur Verfügung. Seine Magie ist genauso machtvoll wie tödlich und er setzt sie ohne Mitleid und ohne Skrupel ein. Insbesondere ist er Meister des *Avara Ka-*

davra-Fluchs, mit dem man einen Feind erschlägt und der nicht erwidert werden kann; sowie Meister des Imperius-Fluchs, mit dem er Körper und Geist einer anderen Person kontrollieren kann. Eine andere Technik, die er oft einsetzt, um Schrecken zu verbreiten, ist, das Dunkle Mal über der Stätte einer Schandtat in der Luft erscheinen lassen. Dieses Mal – ein Symbol, das eine um einen Totenkopf geschlungene Schlange darstellt – ist Hinweis für andere Zauberer, dass er hier schreckliche Dinge vollbracht hatte. Außerdem ist er ein Parselmund, also ein Zauberer, der Parsel, die Schlangensprache beherrscht.

Morgana Le Fay

Einst eine Schülerin Merlins, war Morgana Le Fay eine der Hauptfeindinnen der Herrschaft König Artus' zu Camelot. Sie war Hexenmeisterin und Gestaltwandlerin. Ihr Name weist auf eine übernatürliche Abstammung hin – *Le Fay* bedeutet »die Fee«, was heißt, dass sie nicht ganz den Sterblichen entstammte. Das erste Mal taucht sie in den Aufzeichnungen bretonischer Minnesänger aus dem frühen 12. Jahrhundert im Gebiet des heutigen Frankreich auf. Bevor sie sich zu Artus' Kreis gesellte, mag sie eine Wassernymphe aus der bretonischen Sagenwelt gewesen sein. Im Artuszyklus ist sie eine zentrale Figur, die böse Hexenmeisterin, die an der Vorbereitung von König Artus' Niedergang beteiligt ist.

Biografie: Morgana war Schülerin (und vielleicht Geliebte) Merlins und erlernte einen Großteil ihrer magischen Fähigkeiten durch Gedankenübertragung. Sie war verschiedenen dunklen keltischen Göttinnen verbunden. Sie herrschte von einem Schloss in Edinburgh aus, das von jungen Mädchen bevölkert war, hatte Flügel und konnte – wie die meisten keltischen Zauberer – andere Gestalten, bis hin zu einem fast irdischen Aussehen, annehmen. Sie herrschte auch über die Insel Avalon, die gesegnete Insel, wohin sie

Name: Morgana Le Fay

Alter: Unterschiedlich

Körpergröße: Unterschiedlich

Beschreibung: Schöne Frau mit hellem Haar und samtigen grauen Augen, bekleidet mit einem elfenbeinfarbenen Gewand und einem goldenen Reif im Haar

Herausragende Fähigkeiten: Trugbilder, Gestaltwandlung

Merkmale: Launenhaft, kapriziös, boshaft

Wesen: Böse

Macht: Ziemlich groß

Typ: Hexenmeisterin

Domäne: Evokation, Verwandlung

Ziel: Der Niedergang König Artus'

Grundausrüstung: Unbekannt

Schöpfer: Unbekannt

★ Unten: Morgana Le Fay lässt eine Schwertscheide verschwinden.

★ Rechts: Morgan Le Fay – mal nachdenklich.

★ Ganz rechts: Der böse Großwesir.

ihre acht Schwestern (ebenfalls Hexenmeisterinnen) Cliton, Gliten, Glitonea, Mazoe, Modron, Moronoe, Thitis und Tyronoe brachte. Ihr Vater, der alte König von Avalon, war Avallache, und es heißt, Morgana hatte für einige Zeit auf der Insel einen Gemahl namens Gingamor.

In ihrer Frühzeit war Morgana noch nicht besonders böse. Auch wenn sie Menschen auf die Probe stellte, tauchten sie und ihre Schwestern an König Artus' Hof als gute Feen auf und schenkten ihm Gaben wie Stärke, ein langes Leben sowie politische Macht. Bekannter ist Morgana jedoch als Ränkeschmiedin und Intrigantin, die den König immer wieder zur Zerstörung antreibt. Sie ist beispielsweise verantwortlich für den Verrat der Affäre Lancelots und Guineveres vor der versammelten Ritterschaft Camelots. Sie lud Lancelot zu sich ein und versuchte erfolglos, ihn zu verführen. Dann ermutigte sie ihn dazu, ein Wandgemälde anzufertigen. Seine Leidenschaft für Guinevere war so groß, dass das Geheimnis ihrer Liebe auf der Wand sichtbar wurde. Andere konnten das Gemälde betrachten, was zur Entdeckung der Affäre führte.

Morgana spielte auch eine Rolle bei der Geburt von Mordred, Artus' Sohn. In einigen Geschichten taucht sie selbst als seine Mutter auf (als Tochter von Gorlois und Ygerne von Cornwall ist sie auch Artus' Halbschwester), doch in den meisten Märchen war sie lediglich für die Erziehung des Jungen verantwortlich. Sie lehrte ihn, seinen Vater zu verachten und übte mit ihm die Künste ein, die er für einen Angriff Camelots benötigte – worin er sich letztlich mit der tödlichen Verwundung Artus' als erfolgreich erwies. Sie sandte auch den Grünen Ritter zur Bedrohung Camelots, um Guinevere in Schrecken zu versetzen sowie Arthur und Gawain, den Sohn des Königs Lot von Orkney, auf die Probe zu stellen.

Paradoxerweise wird Morgana, obwohl sie ihr Leben lang die Feindin von König Artus' war, in der Stunde seines Todes zu seiner Wächterin und Heilerin. Als Mordred ihn in der Schlacht von Caemlyn tödlich verletzte, bringen Morgana und ihre Schwestern Artus mit einem Zauberschiff nach Avalon. Hier, so besagt die Legende, wurde er geheilt und wartet, bis er in der Stunde der Not wieder gerufen wird.

Welt: Morgana ist bekannt für ihre Zeit in Camelot, während der sie gegen Artus arbeitete. In vielen Geschichten war sie häufig bei Hofe, gab vor, nur eine weitere schöne Jungfrau zu sein und setzte ihre List zur Verbreitung böser Gerüchte und anderen Unheils ein. Bei anderen Gelegenheiten blieb sie in Avalon und spann von hier aus ihre Fäden – besonders als sie Mordred großzog – oder sie lebte in der Welt der Sterblichen, abgeschlossen vom alltäglichen Kommen und Gehen bei Hofe.

Magie: Mit ihrer naturgegebenen Feenmagie und der Ausbildung durch Merlin in Ritualmagie besaß Morgana eine breit gefächerte und machtvolle Grundlage für ihre Zauberei. Sie spezialisierte sich auf Verwandlungen und Wetterzauber sowie Trug- und Zauberbilder, um zu täuschen und zu bezaubern. Sie half Mordred in der Schlacht, indem sie einen dichten Nebel beschwor, der seine Armeen verbarg. Ihr Wirken auf Avalon zeigt, dass sie zudem paradoxerweise eine große Heilbegabung gehabt haben muss. Wie die meisten Gestaltwandler besaß sie offensichtlich ein wechselhaftes Wesen und handelte oft sehr widersprüchlich.

Unehrenhafte Erwähnung

So bedauerlich es ist, an weiteren bösen Zauberern, die so bekannt und so böse sind, dass sich ein Blick auf ihre düsteren Abwege lohnt, herrscht kein Mangel. **Saruman** aus J. R. R. Tolkiens Reihe *Der Herr der Ringe* ist Oberhaupt des Rats der Weisen, der Führer der freien Stämme von Mittelerde. Als Geistwesen, das zur Anführung des Kampfes gegen Sauron, den bösen Lord der Dunkelheit, einen Körper annahm, hätte Saruman über jeden Verdacht erhaben sein sollen. Leider wurde er von Machtbesessenheit ergriffen und wollte schließlich Mittelerde als Tyrann regieren. Seine Gier, Korruptheit und heimtückische Boshaftigkeit führten fast zur Zerstörung der freien Stämme und es war Gandalf, der wachsamste der Zauberer, der ihn seiner Kräfte berauben sollte. Auch wenn man Saruman am Leben ließ, so erwies sich das tief in ihm verwurzelte Böse als sein Niedergang, als er kurz darauf von seinem verräterischen Nachfolger, Wurmzunge, brutal ermordet wurde.

Folgt man den Abhandlungen Andrew Collins', so gibt es einen bösen Zauberer namens **Der Schwarze Alchemist** nicht nur tatsächlich, sondern er wirkt noch heute in Europa. Seine Ziele sind unklar, doch ist er offensichtlich in der Lage, die Macht eines Landes zu korrumpieren; übersinnlich Begabten magische Fallen zu stellen; Geister herbeizurufen (oder zu erschaffen) und die Gedanken anderer zu kontrollieren.

Baron von Frankenstein, der manchmal als Zauberer angesehen wird, gelang es mithilfe seiner halbalchemistischen Techniken, Tote zum Leben zu erwecken – und er büßte für seine verrückten Verbrechen wider der Natur.

Natürlich tauchen **böse Zauberer** in vielen Geschichten anonym auf. Viele von ihnen werden von bösartigen, unangenehmen alten, über einen Stock gekrümmten Hexenmeistern dargestellt oder sie lauern verborgen in einem Schloss auf einem Berg, um von dort aus die Bevölkerung zu drangsalieren. Diese Wesen sind oft sonderbar und Furcht erregend und können ihre Seele in einem Gegenstand, beispielsweise in einem Stein, verbergen.

In einer Geschichte des Barons von Münchhausen hält der böse Zauberer eine schöne Prinzessin gefangen und verwandelt die Helden, die sie retten wollen, in Steine. Eine ähnliche Figur kann man in einigen arabischen Märchen finden, in denen der Zauberer oft ein schurkischer **Großwesir** ist, der überehrgeizige und oft mörderische Diener des Kalifen.

INDEX

Die kursiven Seitenzahlen verweisen auf die Abbildungen.

Bildnachweis

Carlton Books Limited und die Egmont vgs verlagsgesellschaft danken den folgenden Fotografen und Archiven für die Abdruckgenehmigung der verwendeten Bilder:

Advertising Archives 2, 13, 28; **AKG Photo** 12, 16, 17, 46, 64, 66–67, 68, 73, 74, 63, 83, 112; **Art Archive / Eileen Tweedy** 10; **Artists UK / Roger Garland** (http:// www.lakeside –gallery.com) 100, 102, / **Josh Kirby** (http:// www.artistsuk.net) 36, 37, 38, 111, / **Alan Lee** (http://www.artistsuk.net) 30, 31, 103, / **Peter Pracownik** (http://peterpracownik.com) 84, / **Dan Woods** (http://www.artistsuk.net) 82, Drucke dieser und weiterer Fantasy-Künstler erhalten Sie bei ArtistsUK unter: www.artistsuk.net; ***Bridgeman Art Library / Chris Beetles Ltd., London*** 56: »The Witch has just made a new spell!«, Illustration aus »The Goat as Big as an Elephant« aus *New Fairy Tales*, J. M. Dent and Sons, 1955, Hrsg. Doreen Baxter, / ***Wallace Collection, London UK*** 90: ***The Witches in Macbeth,*** ca.1841–42, von Alexandre Gabriel Decamps (1803–60); / **Yale Center for British Art, Paul Mellon Collection, USA 57:** ***The Bard***, ca. 1817 (Öl auf Leinwand) von John Martin (1789–1854) / **British Library, London, UK 80:** ***The Alchemist*** aus einem Buch über den »Stein der Weisen«, (Manuscript) *Tractatus Alchymicae Germanick Splendor Solis*, 1589; **Carlton** 26, 119; **Christies images** 18, 77, 78, 79, 91; **Corbis Images** 8, 21, / **AFP** 118 / **Bettmann** 39 / **Hulton Deutsch** 22–23, / **Richard T. Nowitz** 48–49; **Fortean picture Library** 1, 83, 70, 71, 72, 85, 87, 88, 89, 92, 92, 95, 98, 99, 114, 119, 121; **Heritage Images** 20; **Hulton / Archive** 52, 122; **Images colour library** 15, 19, 42, 43, 44, 54, 69, 70, 75, 76, 81, 96, 97; **Kobal Collection / Hamshere Keith / Lucasfilm** 108 109, / **Lucasfilm** 115, / **Lucasfilm / 20th Century Fox** 32, 33, 34, 109,116, / **Orion/Warner Bros** 55, / **Wolf, Jerry / 20th Century Fox Television** 51; **Mary Evans Picture Library** 6 / 7, 11, 14, 16, 19, 50, 53, 59, 65, 86, 87, 88, 89, 93, 98, 99, 106, 106, 106, 107; **Moviestore Collection** 47, 104, 105; **Popperfoto** 24, 25, 26, 27; **The Ronald Grant Archive** 40, 123; **Werner Forman Archive** 60, 61, 69 , 93, 94; **© Walt Disney** 40, 45, 45.

Wir haben uns bemüht, alle Copyright-Ansprüche zu berücksichtigen. Sollte uns dennoch ein Fehler unterlaufen sein, bitten wir dafür um Entschuldigung.